大学之所以成为大学，关键在于它的文化存在和精神存在。

——杨福家

我们的复旦大学

葛剑雄　周桂发　主编

山东画报出版社

济南

图书在版编目（CIP）数据

我们的复旦大学 / 葛剑雄, 周桂发主编. —— 济南：
山东画报出版社, 2025.3
（老照片·我们的大学 / 陈平原总主编）
ISBN 978-7-5474-4338-5

Ⅰ.①我… Ⅱ.①葛… ②周… Ⅲ.①复旦大学—校
史—文集 Ⅳ.①G649.285.1-53

中国版本图书馆CIP数据核字(2022)第140051号

WOMEN DE FUDAN DAXUE
我们的复旦大学
陈平原　总主编
葛剑雄　周桂发 主编

项目策划　赵发国
项目统筹　赵祥斌
责任编辑　张　欢
装帧设计　王　芳

出 版 人　张晓东
主管单位　山东出版传媒股份有限公司
出版发行　山东画报出版社
　　　　社　　　址　济南市市中区舜耕路517号　邮编 250003
　　　　电　　　话　总编室（0531）82098472
　　　　　　　　　　市场部（0531）82098479
　　　　网　　　址　http://www.hbcbs.com.cn
　　　　电子信箱　hbcb@sdpress.com.cn
印　　刷　山东临沂新华印刷物流集团有限责任公司
规　　格　160毫米×230毫米　32开
　　　　　7.5印张　168千字　97幅图
版　　次　2025年3月第1版
印　　次　2025年3月第1次印刷
书　　号　ISBN 978-7-5474-4338-5
定　　价　48.00元

如有印装质量问题，请与出版社总编室联系更换。

总　序

陈平原

采用散文 / 随笔讲述你我经历 / 熟悉的大学历史、故事、人物及精神，这一写作方式，很难说起源于何时何地，但 1998 年北大百年校庆应该是其迅速崛起的重要契机。此举的最大特点，在于有效地沟通了"文"与"学"——这里所说的"学"，特指教育史、学术史与思想史。你可以追溯到 20 世纪 20 年代"任意而谈、无所顾忌"的"语丝文体"，也可以从 1979 年创刊的"以学识为根基，以阅历、心境为两翼，再配上适宜的文笔，迹浅而意深，言近而旨远"的《读书》杂志说起；当然，还可以像我曾在文章中提及的，以 1988 年刊行的两本有关大学的"怀旧"图书——中国文史出版社的《笳吹弦诵情弥切——国立西南联合大学五十周年纪念文集》以及北京大学出版社的《精神的魅力》作为切入点。而随着《北大旧事》（陈平原、夏晓虹编，北京：生活·读书·新知三联书店，1998 年）、《北大往事》

（橡子、谷行主编，北京：中国文学出版社，1998年）的出版与热销，集合众多零散的老大学师生的私人记忆而成书，这一编撰策略，得到了广泛的认同。紧接着，江苏文艺出版社和辽海出版社组织了"老大学故事丛书"和"中国著名学府逸事文丛"；随后出版的"中华学府随笔"丛书（四川人民出版社）以及"教会大学在中国"丛书（河北教育出版社），走的也是这条路——谈论大学的历史，不再局限于硬邦邦的论说与数字，而是转向生气淋漓的人物和故事［参见陈平原《文学史视野中的"大学叙事"》，《北京大学学报（哲学社会科学版）》2006年第2期］。

其实，"追忆似水年华"，从来都是文人学者写作的重要动力。而对于上过大学或在大学工作的人来说，大学记忆连着青春胎记，历经岁月的酝酿与淘洗，不断地发酵与积聚，终于在某个特定时刻喷薄而出。这种状态下，很容易催生出生气淋漓的好文章。假如你所谈论的大学故事与人物，恰好能折射时代风云，或凸显某种精神境界，那就更有可能赢得满堂掌声。

为了便于读者进入规定的历史情境，也为了保存某些难得的时代气息，20世纪90年代出版的众多有关老大学的图书，大都会用插页方式，印制若干老照片。但那更像是图书的配件与装饰，编写者及出版社都不曾将其作为重要一环来认真经营。

这就说到约略与此同时崛起的另一种出版风尚。1996年底，山东画报出版社的《老照片》一经推出，即以其别开生面的图书样式与回眸历史的新颖视角，引发了风靡全国的"老照片文化热"。如今，该社又别出心裁，策划《老照片》品牌的衍生品——"我们的大学"丛书，选取具有悠久历史、在海内外卓有影响的知名大学，以图文并茂的形式，展现其人文历史与精神风貌。

"老大学"丛书追求的是"文"与"学"的配合，"老照片"丛书则着力"图"与"文"的融通，如今这两条线交会起来，成就了"老照片·我们的大学"丛书。这么一来，可最大限度地兼及图·文·学三者，实在可喜可贺。

天下事，有得必有失，追求五彩缤纷，那就无法执着与凝重。好事你不可能全都占尽，比如知识系统或思想深刻，便非本丛书的工作目标。某种意义上，形式就是内容，既然选择这么一种三合一的图书风貌，除了必不可少的诚实与可信，"好看"应该放在第一位——无论人物、文章还是图像，都必须生动、活泼、有趣。说到底，这不是一字千钧的学术史，也不是正襟危坐的教科书。

如此"好看"的文化读物，拟想读者可不仅仅是各大学的校友，更包括所有对中国大学的过去、现在与未来感兴趣的读书人。

2023 年 3 月 20 日于京西圆明园花园

序

葛剑雄

　　山东画报出版社的《老照片》编辑部要出一套"老照片·我们的大学"系列，邀我编《我们的复旦大学》，我欣然从命。"老照片"以其原始性、真实性、形象性见长，具有卓越的信誉与广泛的社会影响，通过"老照片"为我们学校记录历史，树碑立传，传播信息，扩大影响，正是同人与我所求所愿，当然乐意利用这一良机。

　　复旦大学成立于1905年，至今已有一百一十七年。而我是1978年考上研究生进入复旦的，至今虽已有四十四年，但长度只占校史的百分之三十八。在百年累计的复旦人中，更只是渺小的数十万分之一。虽然因我自1980年至1991年间随侍先师季龙（谭其骧）先生，每于馨咳间得聆以往二十多年间校内故事，及前辈师长嘉言懿行，毕竟见闻有限，经历更缺，自思难负主编重任。老友周桂发兄毕业于本校历史系，曾任校宣传部副部长、校档案馆馆长、新闻学院党委书记，现任退管会常务副主任，于校史关节无异亲历，举档案秘闻如数家珍，对耆宿前辈敬若师尊；二三十年间大事要务，常在现场，每有实录；海内外知名复旦人物，大多相识，兼作采访。周兄实在是主编此书的不二人选，得到他的慨允，我才有了完成任务的信心。

以老照片为载体，复旦大学可以传世的内容很多，如以往发生的重大事件，出现过的动人场面，形成了的重要成果，获得过的崇高荣誉，建设成的典雅建筑，养护着的精致园林，但我们确定选择人物，以及与人物有关的事和物，因为这一切都是复旦人创造出来的，都因复旦人而问世，都因复旦人而闻名，都因复旦人而传世。

限于所用照片必须是二十年以前的规定，目前已成各方面、各部门骨干中坚的中年同人，比较年轻的院士、教授，获得杰出成就的青年才俊，大多无法入选。这虽不无遗憾，却符合"老照片"的宗旨——"老"需要时间的累积，只有"老"到一定程度才能成为历史。但只要这套书一直编下去，他们必定会在以后的各册中陆续出现。

最后选定的二十一位人物中，有德高望重的老校长，名闻中外的科学家，著作等身的专门家，教书育人至百岁的老教师，也有复旦大学在各界的杰出校友，最年轻的资深教授，曾经在读的研究生、本科生。在体例允许的范围内，尽可能多地反映复旦的历史，体现复旦的精神，延续复旦的传统，弘扬复旦的价值观念。

我自己也专门写了一篇，并提供了相应的照片。这倒不是我利用主编的特权，而是因为我这一段经历不仅是复旦历史上独一无二的，在全国大概也是唯一的。我记录的是我的在职博士研究生经历——我于1980年底毕业于历史系，获硕士学位，留系工作；1982年3月录取为在职博士研究生，1983年与周振鹤一起提前毕业获博士学位。在我们之前获得博士学位的十八名理科生是以硕士论文或其他论文确定其博士资格的，并未真正经历博士研究生阶段；周振鹤并非在职生，因此我有幸是复旦，也是全国最早获得博士学位的在职研究生。

至于编辑出版此套书的意义和价值，陈平原兄的总序已有阐述，无须赘言。

2023 年 10 月

目　录

颜福庆与复旦大学上海医学院

颜志渊

　　颜公从医执教 60 载，经历丰富，先后留学美、英两国，将西方先进医学与中国国情相结合，不断探索与西方合作办学的道路。他创办了两所医学院（湘雅医学专门学校，即中南大学湘雅医学院前身；国立第四中山大学医学院，即复旦大学上海医学院前身）、三家医院（澄衷肺病疗养院、中山医院、中国红十字会湖南分会医院，分别为现在的同济大学附属上海市肺科医院、复旦大学附属中山医院、湖南省人民医院），担任过三所著名医学院（湘雅医学院、协和医学院、上海医学院）院长。他长期工作在上海、北京、长沙、重庆等地，足迹更是遍及欧、美、非诸国，一生与 20 世纪中国现代医学发展史密切相关，在医学教育界影响深远，堪称中国现代医学的奠基人之一。

　　20 世纪 90 年代，我国许多高校都纷纷争取进入国家"211 工

图1 颜福庆（1882—1970），字克卿，祖籍厦门，中国近现代著名医学教育家、公共卫生学家。复旦大学档案馆藏

程"，包括上海医学院（以下简称上医）在内的全国各高校都在积极争取，力求夺标。1994年秋，由时任卫生部部长陈敏章带队、九三学社中央原主席吴阶平院士任组长的评审专家组来上医进行评审，一致通过上医整体建设规划，同意将其列入国家"211工程"建设项目。在申报"211工程"建设项目过程中，以及近年对校史开展的研究中，通过收集整理学校建校史料，大家倍感颜福庆先生当年创业之艰辛，由衷赞叹颜老为后人留下了一份丰厚基业。而上医之所以能有今天的辉煌，与颜老超前独特的教育思想是密不可分的。

上医之创建，根植于颜老爱国办学、不辞辛劳、无私奉献、服务人群之初心。1927年，时值国内军阀混战，天灾人祸，内忧外患，人民处于水深火热中。次年4月，蒋介石发动"四一二"政变，全国笼罩在白色恐怖中，学校纷纷停办。当时中国的医学教育也多为外国教会所办，由洋人操纵。在这种形势下，颜福庆带领一批志士仁人，在黄浦江畔创办了中国第一所国人自办自教的西医高等学府。初办时学校规模很小，校址设在吴淞，"一·二八"事变中毁于日寇炮火。颜福庆奔走呼号，发起募捐，经十余年艰辛，建成上医和中山医院新址。

上医学科齐全，这与颜福庆的多学科办学思想密不可分。颜公青年时代三度出国留学。1909年获美国耶鲁大学医学博士学位，同年去英国利物浦热带病学院学习，1914年赴美国哈佛大学公共卫生学院攻读，获公共卫生证书（CPH）。因此，他对医学和公共卫生学同样重视，并身体力行。1927年上医建校时仅设医学专业，一年后，

图2　1937年4月1日下午中山医院开业典礼后，颜福庆陪同来宾参观中山医院。前排右二为颜福庆，左一为孔祥熙、左二为宋蔼龄。作者提供照片

在颜公倡导下组建了公共卫生学学科，颜公亲任科主任兼公共卫生学教授。同年还建立了吴淞（现宝山区）公共卫生所，作为公共卫生教学实验室。颜公还规定，医学生毕业前，一律要在卫生教育基地实习一个月，以加强卫生防疫观念。这一规定在上医沿用了数十年，改革开放后这一经验还获得卫生部教学成果奖并在医学院校中推广。颜公还认为，我国不仅西医人才缺乏，制药业也十分落后，西药全靠进口，西药人才缺乏。因此，1936年他又在医学院内设立了药学专修科。后经发展，上医的医药卫生各学科越来越齐全，颜公为上医打下了多学科的基础，功不可没。

上医治学严谨，源于颜福庆的治学严谨。颜公在上医创始阶段就十分重视校风校纪建设，要求教师专心教学，不得在外开业行医；要求学生刻苦学习，养成勤奋学习的习惯。招生时，由教授组成招生委员会，公开、公正、公平进行，严格选才，全凭考生条件择优录取，任何人不得干预；对不符合条件的达官贵人子女，一律以"爱莫能助"婉拒。教学中，贯彻"三基三严"（即基本理论、基本知识、基本技能，严格要求、严密方法、严肃态度）精神，注重培养学生独立思考的能力。教育学生只有学好基础学科，牢固掌握高科技，善于开拓，才能创新。在学籍管理上，学校在1928年就规定，学生单科成绩以60分为及格，总平均分以70分为及格。学生一年中如有一门主课不及格，须补习复试一次，复试再不及格不得升级；如两门主课不及格不予补考，留级一年；如三门主课不及格，退学。年轻住院医生，除例行节假日，一律住在医院，实行24小时负责制，随时为病人服务。上医师生在这种校风熏陶下，养成自尊自信、自强自律的精神，不论是学习还是实习，都忠于科学信念，反对弄虚

图3 1909 年 6 月颜福庆以优异成绩毕业，获医学博士学位（M.D.）。同时荣获优秀博士毕业生称号和坎贝尔金质奖章提名。被吸收为美国自然科学会成员。此为其耶鲁大学医学院毕业照。耶鲁大学图书馆藏

图4 20世纪60年代初摄于自家花园的合家欢。前排堂弟妹左起依次为颜志凯、颜志宏、颜志旋，中排左起依次为婶娘黄振信、祖父颜福庆、我、母亲高舜华。后排左起依次为叔父颜瑞清、父亲颜我清。作者提供照片

作假。所以上医的考试测验，即使不设监考，也没人作弊，师生们认为作弊是自欺欺人的可耻行为。这些措施的严格执行，使广大学生感到，进上医不易，学好也不易，更加珍惜这个学习机会。上医毕业生走向社会，普遍获得用人单位好评。经过几十年的培育，从颜公开始的严谨治学精神在上医代代相传，不断发扬光大。

上医师资力量雄厚，得益于颜福庆办学之初就团结了一批志士仁人，一批学有专长的名医、专家，并予以制度保障。随后，上医又延聘了一批中外专家、学者和海外归来的博士扩充师资队伍。颜公一贯提倡"公医"制度，来校任教，要专职敬业，不能在外开业行医。学校规定，专任教师服务满4年，享有1年带薪休假，到国

内外从事研究、进修，这一办法对提高师资水平发挥了积极作用。早在20世纪三四十年代，上医即有一批青年学生赴国外深造，学成回国，在上医这块土地上辛勤耕耘，做出很大成绩。1956年，经国家核定，上医有16名一级教授，22名二级教授，他们都是各学科的先驱者、奠基人或领军人物。时任教育部部长蒋南翔说，上医的一、二级教授比清华大学的还多。

1959年，上医被列入全国重点高校之一。1994年专家组评审时，上医正副教授已达1125人，还有一大批中等专业技术人员，其雄厚的师资力量，在全国医学院校中名列前茅。由于上医师资强，1955年，中央命令上医负责建设重庆医科大学。颜公去重庆选址，并从上医分出一批师资、设备进行援建。此外，上医还陆续支援重庆、大连以及山东、新疆各兄弟院校一批骨干教师，为全国医学教育做出了巨大贡献。

上医办学效益好，得益于颜福庆科学的办学指导思想。上医有教学、医疗和科研三项重要任务，从颜公开始，这三项任务就紧密结合，互相促进。经过几十年发展，教学上，学校已形成专科教育、本科教育、研究生教育、外国留学生教育和成人教育等完整系统的教育体制。至1994年，上医本科专业12个，硕士点50个，博士点35个，全国重点学科点、硕士点、博士点、博士后流动站数量以及在校研究生数量在国内医学院校中处于前列。科研上，学校科研出人才，出成果，出效益，攀高峰，许多科研项目达到国内领先，有的达到国际水平。自1981年到1994年，上医共获得省、部级以上科技成果奖369项，其中国家级奖项21项。如上医将"小肝癌早诊早治"手术后生存率提高到70%，达到国际领先水平，因此获得国

图 5 颜福庆（右）与时任上海第一医学院党委书记兼院长陈同生促膝谈心。复旦大学档案馆藏

家科技进步一等奖和卫生部科技成果推广一等奖，并获得美国癌症研究所"早治早愈"金牌奖，在该领域处于国际领先地位。医疗上，截至 1997 年，上医有 7 所附属医院，有大批医疗专家和临床教授，各医院各有所长，还承担着大量学生实习和进修生教学任务。各院还形成了一批各具特色的临床学科或擅长领域，如脑外科、手外科、肾移植、心血管、抗生素研究、肝癌临床、新生儿疾病、围产医学、生殖免疫、角膜移植、电子耳蜗、新喉再造、肺癌、鼻癌、乳腺癌等，均保持国内领先地位。无论教学、医疗还是科研成果，都取得良好效益，达到领先的医疗服务水平。截至 2019 年 10 月，上医已有 17

所（含筹）附属医院、9个直属院系所。

上医从颜福庆创办之日起，就坚持正确的办学方向。淞沪会战时期，校舍遭日军炮火摧毁，学校利用借读他校的办法，维持教学。上海沦陷，上医师生在第二任校长朱恒璧带领下，走上抗日求学道路，辗转于昆明与重庆，最后在重庆歌乐山茅草屋内上课。抗战胜利后搬回上海，虽枫林校区及中山医院受到日寇破坏，但艰巨的复校任务未曾压倒上医人。"文革"期间，上医停止招生6年，恢复招生时，上医教职工又以最大热情培养工农兵学员。改革开放后，学校得到恢复和迅速发展，并仍然坚持教育为本、育人为先，几十年来培养了大批高质量的医药卫生人才，上医的毕业生遍布国内及欧美各地。在上医校友中，两院院士就有40多位。事实证明：上医已成为培养高质量医药卫生人才的摇篮，在国内外赢得了良好声誉。上医一直把德育放在首位，这一良好传统的形成与颜福庆的倡导密不可分。学校在创办之初就注重品德教育，上医"正谊明道"的校训，"为人群服务"的校歌，"病人至上"的誓言，就是明证。解放后，上医教育学生热爱祖国，热爱社会主义，拥护中国共产党的领导，走与工农兵相结合的道路，树立为社会主义献身的思想。改革开放年代，上医要求把学生培养成有理想、有道德、有文化、有纪律的时代新人。一代又一代上医人始终沿着为人民群众服务的道路前进。抗战时期，上医师生积极参加前线救护队和后方医院的工作，一些人为此牺牲生命；1949年，上医派出血吸虫病治疗队，救治南下解放军战士；抗美援朝时期，又派出多批医疗大队和技术顾问团奔赴救援前线；"文革"期间，上医师生组织的"指点江山医疗队""祖国医药探索队"活跃在贵州、四川的山区和农村，为当地人民送医送药；1976 年的唐山大地震，1988 年的上海甲肝大流行，1998 年的长江洪涝灾害等事件中，只要国家有难、百姓受苦，上医的白衣战士就会闻风而动，奔赴第一线。日寇侵占上海时，颜公就是上海红十字会救护委员会主任委员，夜以继日地组织医护人员抢救伤病员。颜公提出的医疗为大众服务的思想，与国家提出的以人民健康为中心、实施健康中国战略不谋而合。颜公的初心和使命与新时代上医人的初心和使命一脉相承，完全一致。

1956 年，颜福庆加入九三学社，后经九三学社上海分社主委卢于道的推荐，成为九三学社上海分社副主委。在颜福庆的感召下，他的学生、同事和上海一大批著名西医纷纷加入九三学社。2007 年，时任九三学社中央主席的韩启德院士亲笔为颜公题写"医学教育先驱，知识分子楷模"，以此纪念颜公对中国医学教育事业的巨大贡献。

作者为复旦大学副教授、颜福庆之孙

陈望道与复旦大学的半个世纪情缘

陈振新　朱良玉

因首译《共产党宣言》与复旦结下不解情缘

陈望道是浙江义乌人，他与复旦的不解情缘，应该说，与他首译《共产党宣言》是分不开的。

1919 年夏陈望道从日本回国后，担任了浙江一师的国文科教员。在 1919 年"五四"新文化运动的影响下，陈望道、夏丏尊、刘大白、李次九四位国文教员采取了对中国语文课程进行改革的多项措施，并支持学生办进步刊物。在陈望道的指导下，施存统在《浙江新潮》上发表了反封建的《非孝》一文。

陈望道等四位教员采取的一系列改革措施、施存统的这篇《非孝》文章，引发了震惊全国的"一师风潮"。在"一师风潮"中被称为四大金刚之一的陈望道在杭州再也待不下去了，就在此时他接到

图1　陈望道（1891—1977），曾任复旦大学校长、中国科学院哲学社会科学部委员，著名语言学家、教育家和社会活动家。1953年摄，作者提供照片

了《民国日报》邵力子的来信，得知《星期评论》社要他翻译《共产党宣言》的消息。经历了"一师风潮"，陈望道觉得在一师的改革，"实际上只是宣传文学革命，至于社会改革问题，只是涉及一些而已"。就这样，当局已把它视为洪水猛兽，这使他"认识到不进行制度的根本改革，一切改良实施都是劳而无益的"。陈望道说："我也就在这次事件的锻炼和启发之下，在事件结束之后，回到我的故乡浙江义乌分水塘村去，进修马克思主义，并且试译《共产党宣言》。"

　　为了避开各种干扰静下心来专心地译书，陈望道躲进了离住宅不远的柴屋内。由于夜以继日地工作，陈望道消瘦了许多。他的母亲看在眼里疼在心里，特地包了粽子，配上义乌盛产的红糖，给陈望道补补身体。过了一会，陈望道母亲在屋外大声问：是否还要加点红糖？陈望道连连回答说："够甜，够甜了！"后来他母亲进来收拾碗碟，却见陈望道满嘴墨汁，不禁哈哈大笑起来。原来陈望道全神贯注于翻译，竟将砚台里的墨汁当成红糖蘸着粽子吃了！陈望道在花了比平时多五倍的功夫后，终于在1920年4月下旬完成了《共产党宣言》一书的全文翻译工作。

在完成《共产党宣言》的翻译后，《星期评论》社要他到上海担任该刊的编辑工作，于是陈望道来到了上海。而到了上海后，又由于邵力子介绍陈望道到复旦任教，才有了他与复旦情缘的开始。

为创办复旦中文、新闻学科做出重大贡献

陈望道到复旦以后，在当时的国文部任教，开设了文法、修辞课程。1924年起，他又开设了美学、因明学课程，同时主持国文部附设的新闻学讲座课程。1925年国文部改名中国文学科，1927年起陈望道任中国文学科主任。在这以后他把原有的新闻学讲座扩充为新闻学组，特聘名人讲授"新闻编辑"、"新闻采访"与"新闻学"等专业课程。因为有了这个基础，1929年复旦调整系科时，原中国文学科分为中国文学系和新闻学系两个系。谢六逸为新闻学系主任，陈望道则担任了中国文学系主任。在20世纪20年代末，陈望道为复旦大学中国文学和新闻学这两个学科的创建做出了贡献。

在1920—1930年的十年教学生涯中，陈望道治学严谨，先后开设了文法、修辞、美学、因明学和新闻学讲座课程，并出版了我国第一部论述作文法

图2 1920年到复旦大学任职时的陈望道。复旦大学档案馆提供照片

的专著《作文法讲义》（1922 年）、我国最早探究形式美的论著《美学概论》（1927 年）和我国第一部用白话文写作的因明学论著《因明学》（1931 年），1932 年又出版了我国第一部系统的、兼顾古语白话文的修辞学论著《修辞学发凡》，建立了一个科学、完整的现代修辞学体系。陈望道为中文学科的发展做出了贡献。

1938 年，陈望道从上海经香港辗转回到重庆。1942 年出任复旦大学新闻系主任后提出了"宣扬真理，改革社会"的办系方针和"好学力行"的系铭，十分注意理论与实际相结合，学校教育与社会实践相结合，继续为新闻学科的发展做出贡献。

为了实现"理论与实际相结合"这一办学理念，在课程设置上，他把哲学原理、论理学（也就是逻辑学）作为必修课，希望学生能学会辩证地看问题，具有逻辑思维的能力；同时开设了注重实用又与社会需求紧密相连的新闻采访、新闻编辑、新闻英语写作、新闻评论和报馆实习等专业课程。在聘用师资方面，除了邀请有办报经历的人做专职教师、邀请新闻名家做兼职教师，还经常请于右任、邵力子、叶楚伧、王芸生等知名人士来校短期讲课，做专题报告、开座谈会等。

除了课程设置和聘用师资方面，为了提高新闻系学生的实际操作能力，并使学校教育与社会实践相结合，陈望道还恢复了新闻系原有的复旦新闻通讯社，并自任"复新通讯社"社长，出版复新社的《通讯稿》刊物。该刊物由学生当编辑，免费供重庆各大报社使用，他还鼓励学生办壁报。为了创造培养学生工作能力的环境，他在新闻系开办了一个"新闻晚会"。这个新闻晚会每周一次，以讨论时事、进行学术研究的形式开展活动。晚会的主题事关国家前途，有"新闻与政治""中国将向何处去"等。晚会由学生策划学生主持，极大地提高了学生的实际工作能力。

　　为了"使有志于新闻事业的青年更能学以致用"，陈望道于1944年冒着盛夏酷暑开始募集资金创办当时中国高校的第一座新闻馆。1945年4月5日，募捐筹建的新闻馆终于落成。新闻馆设有编辑室、会议室、印刷所、图书室以及收音广播室等，为新闻系的教学实习提供了一个良好的基地。学生们利用新闻馆的设备，收听延安新华社电台的广播，新闻系成了当时复旦民主力量最强的一个系，

　　图3　1953年，陈望道与新闻系师生在复旦新村新闻馆前合影。前排左起依次为舒宗侨、王昌孝、陈望道、朱振华；第二排左起依次为张允若、俞康成、曹孚；第三排左起依次为张四维、蒋孔阳、余家宏、曹亨闻、黄纯初；最后一排左起依次为陈望道校长的通讯员、杜月村、赵敏恒。作者提供照片

被大家称为北碚夏坝的小延安。在陈望道的主持下，短短几年复旦新闻系有了很大的发展，名闻全国。1941年，报考新闻系的学生中每2人即可被录取1人，而办学4年后的1945年，报考新闻系的学生中每28人才能被录取1人。

1945年抗战胜利后，陈望道随复旦大学回到上海。作为校长的陈望道对中文系和新闻系有一种呵护自己孩子般的情感。在五十年代院系调整中，当上海市高教局要以苏联只有党校才能办新闻系为由停办复旦新闻系时，陈望道两次专程上北京，先找到教育部，后又去找周恩来总理。总理请示了毛主席，毛主席说："既然陈望道要办，就让他办。"这样复旦新闻系才得以保留下来。1952年，为了中文学科的发展，在陈望道的提议下，复旦大学语法、修辞、逻辑研究室成立。这是全国高校中最早成立的一个语言研究中心，由陈望道亲自主持。著名学者郭绍虞、吴文祺、周有光、倪海曙、濮之珍、李振麟、胡裕树、蔡葵等都曾受聘于研究室，邓明以、程美英、杜高印、范晓、宗廷虎、李金苓、陈光磊、李熙宗等学者也都曾是研究室的成员。这个研究室就是今天复旦大学中国语言研究所的前身，陈望道为复旦的语法、修辞学科建设做出了贡献。正如中文系原主任陈思和教授所说，望道先生"创建了中文、新闻两个系"，望道先生不仅是新闻系的实际创始人，也是中文系的"创系元老"。

出任由毛泽东主席任命的复旦大学校长

1949年5月上海解放后，陈望道被任命为复旦大学校务委员会副主任委员。由于主任委员张志让在北京另有安排，在1949—1951

年受命接管复旦大学的日子里，陈望道几乎主持了全部校务委员会的常委会议和全体委员会议，为整顿和恢复正常的教学秩序，实行了多项教学和行政管理方面的改革。诸如，让在解放前夕因受国民党当局迫害而离校的老师返校复职、学生复学；在 1950 年进行了第一次院系调整；在校务委员会下专设了政治学习委员会、马列主义研究会和专门的图书委员会；亲笔签署了"历次会议记录用十行纸复印三份"的文书档案建设意见；提出并实行了全校各系建立学科教学研究组（简称教研组）的集体教学制度，为接管旧复旦做出了重要的贡献。

在 1951 年完成了从旧复旦到新复旦的转变以后，1952 年毛泽东正式任命陈望道为复旦大学校长。陈望道在这一岗位上工作了 25 年，直至 1977 年去世。在陈望道被任命为复旦大学校长以后，就领导层面而言，他的正确而富有前瞻性的决策，对复旦大学在五十年代崛起，继而发展、壮大起到了关键性的作用。

在复旦的教学秩序得到初步恢复以后，面对 1952 年由 18 所大学院系调整后形成的新复旦，陈望道采取了"在党委领导下的校长分工负责制"。作为一校之长，他主持校务委员会讨论全校性的重大计划、经费预算、学校制度以及奖惩，并通过校长的集体办公予以执行。在校委会上陈望道多次提到"学校的中心工作是教学改革"，他继续推行并强化了 1951 年开始实行的名为"教研组"的集体教学制度。

通过教学改革实现教学秩序的正常运转固然是首要任务，作为一校之长的陈望道也没有忘记开展科学研究的重要性。他说："高等学校的发展一般有三个阶段：一、办校务的阶段，二、教务的阶段，三、科学研究阶段。如果一所学校只停留在办校务和教务的阶段，不进一步向科学研究阶段发展，这所学校的教学质量和学术水平肯定不能提高。"正是在这样一个办校方针、教学理念的指导下，复旦大学从1954年开始，在每年校庆的同时举行科学报告讨论会，这个举措一直延续至今。陈望道曾专门为1954年复旦大学科学报告讨论会题词说："综合大学应当广泛地经常地结合教学，开展科学研究工作，为祖国建设服务。"在陈望道提出这一办校方针两年后的1956年，教育部向全国各高校发出了向科学进军的通知，明确高校也要结合教学开展科学研究工作。所以，陈望道的办校方针，在那个年代是极具前瞻性的。

在1956年复旦大学的51周年校庆暨第三次科学报告讨论会上，陈望道做了"如何开展科学研究"的专题报告。他说"我们的

图4 1956年5月27日，陈望道在复旦大学登辉堂举行的建校51周年校庆暨第三次科学讨论会上讲话。作者提供照片

科学讨论会应结合学校经常的工作，经常性的科学研究工作来筹备进行"，"应吸收学生到科学工作中来"，"应结合教学、理论探讨、学术思想批判和结合生产、建设实践等方面"来进行。陈望道还在这次报告中对今后的科学报告会提出了希望。

陈望道主持下的复旦，在上述正确决策的指引下，通过陈望道务实而专业的领导和全校师生员工的努力，1959 年，一跃成为全国十六所重点大学之一。

对于一所培养社会主义建设人才的全国重点大学来说，陈望道认为，开展经常化的科学研究工作，以促进教学质量的提高，这里还有一个学风和校风建设的问题。在他的建议和主持下，复旦大学的校务委员会和行政办公会议，在 1961、1962 和 1963 年，曾先后多次讨论学风和校风建设的问题。尤其是 1963 年 3 月 26 日，陈望道主持召开了一次在复旦校史上堪称空前（全体教职工、全体研究生和行政负责人员参加）的，专门讨论学风的校务委员会扩大会议。在这次会议两个月后，陈望道又在 58 周年校庆科学报告会上，对培养学风的问题做了全面的补充。

在陈望道倡导科学研究和新学风理念的影响下，复旦大学的方方面面都有了长足的进步。至 1964 年，复旦的科技成果取得了多项中国第一，诸如，1953 年的我国第一支医用 X 光管，1956 年的国内第一台电子模拟计算机，1958 年的我国第一台质子静电加速器，1963 年研制成功的国内首个 1000 瓦—3000 瓦新闻摄影用管形卤钨灯，1964 年我国成功试爆的第一颗原子弹中"甲种分离膜"项目的测试等。因为这些第一，复旦挤入了国内名校的前五位。

为了复旦的发展和壮大，陈望道在做出决策的同时，还以人为

图5 1974 年陈望道一家在国福路 51 号寓所的合影。作者提供照片

本、身体力行。在那个年代，复旦的教职员工，任何一位学生，都经常有机会在校园内看到他们的校长，陈望道成了复旦发展中的灵魂性人物。

陈望道一生爱生如子，作为校长，他事无巨细关心着图书馆、教室的照明是否够亮，食堂的饭菜是否可口、价格能否为人接受。他一再告诫学校保安部门：处理犯错误的学生时千万要细致、谨慎，不能随便开除，不然被开除的学生一辈子就完了。

在复旦广为流传着这样一个故事，陈望道去世后继任的苏步青到复旦园内的陈望道铜像前深深地三鞠躬，并为陈望道题写了"传播共产党宣言千秋巨笔，阐扬修辞学奥蕴一代宗师"的题词。苏步青是1952年院系调整时从浙大来到复旦的我国著名的数学家，身为校长的陈望道不但专程去火车站迎接他，并做了当时教务长周谷城的工作，使苏步青来到复旦后即成了复旦的教务长，后成为副校长，一直与陈望道共事。

老一辈的复旦人难以忘怀的是，20世纪50年代，因为复旦属原宝山县（今宝山区）地界，不论粮油还是副食品供应都比市区差，复旦职工子女读书、升学、就业也多有不便。身为一校之长的陈望道，为此多次向有关部门反映复旦员工生活的实际困难，希望能尽快解决，并提出了将复旦划归市区的要求。复旦有近万名师生员工，市政府觉得十分为难，但陈望道还是不断反映。直至陈望道弥留之际，市有关领导来医院探望，问他有什么要求时，他再次提出："我个人没有任何要求，只是想为复旦说句话，请一定解决好把复旦划归市区的问题。"在他去世后，这一问题终于得到解决。

作者为陈望道儿子、儿媳，1965—1998年间在复旦大学任教

朱东润先生的人生行迹与学术成就

陈尚君

朱东润先生于 1896 年 12 月 6 日出生于江苏泰兴。时家道中落，父亲早殁，求学道路很艰难。十岁前科举未废，因此阅读过一些旧学典籍。1907 年偶然考取上海邮传部实业学校（即今上海交通大学前身）附属小学，开始知道新学与英文。大学校长唐文治先生是著名理学家与古文家，治校之余乐于教孩子们读古文，朱先生当年作文《关设而不征论》，被唐先生评为第一名。朱先生晚年说，他从唐先生那里，理解了古文的喷薄之美和清韵之美。他因家境困难要退学时，唐先生主动为他付学费，鼓励他努力进学。朱先生晚年曾为唐先生故居题词"师表人伦"，一辈子心存感激。

朱东润先生在民元之初，曾协助国民党元老吴稚晖办报。吴那时热情组织青年人到欧洲勤工俭学。朱先生说 1913 年某日下午，他去看吴，吴说今晚有船去伦敦，你一起去吧。于是朱先生就跟着船

图1 朱东润先生（1896—1988），原名世溁，以字行，江苏泰兴人。是我国著名的传记文学家、文学史家、教育家和书法家。他从1952年起任教于复旦大学中文系，1957年任中文系主任。著作等身，桃李满天下。此为大约1914年十八岁的朱东润与陈源（右，即陈西滢）于英国伦敦的合影。亲属提供照片

走了，到船上再给家人写信。在英国，朱先生主要是在伦敦西南学院听课。生活费用无着落，除打工赚钱，也给国内的刊物写稿，介绍英国社会动态，也翻译英国和欧洲文学。朱先生在二十岁以前，已出版文言翻译小说《骠骑父子》《踏雪东征传》等。他特别喜欢莎士比亚戏剧，1917年初发表长文《莎氏乐府谈》，据说是最早向国人全面介绍莎剧的论文。

陈西滢（1896—1970），无锡人，是吴稚晖的表甥。赴英较朱先生早一年，居停十年，主攻政治经济学，后来的成就在文学评论与翻译。朱先生与他少年结识，前半生关系密切，后来到武汉大学任教，多得照拂。

朱东润先生1916年从英国归国，初任教于在梧州的广西省立二中。1919年起，到南通师范学校任教。其间皆授英语。南通离泰兴很近，方便照顾家人。朱先生曾说他的婚姻是由母亲和大哥张罗决定，婚前两人没有见过面，婚后感情很好。

从1929年始，朱东润先生任教于当时全国最好大学之一的武汉大学，最初仍授英文。当时文学院院长闻一多，感觉教师中守旧气氛太浓，有意改变，遂建议朱先生讲授中国文学批评史课。朱先生说，开课是可以的，但要有一年时间准备，获得同意。他从1932年开始讲授，第一份讲义印到第四十六节，讲到明末钱谦益。其后陆续增写两稿，到1937年基本定稿。1944年在重庆出版的《中国文学批评史大纲》，是我国第一部从上古写到近代的中国文学批评通史，也因此定职为教授。我曾听朱先生亲口说，他定教授，仅仅因校长问了院长两句话："朱先生有没有著作？""朱先生的著作是油印的还是铅印的？"院长说："有。""是铅印的。"就此评定。

朱先生曾说，那时教授每月薪水有250元，若请一住家保姆，每月3元就够了。家人住在泰兴，孩子渐多，他将多年积蓄，在泰兴建起新居，这时抗战烽火遍及大江南北。武汉大学迁到四川乐山，师母支持他西行，乃绕道上海、香港、河内、云南赴职。在抗战最艰苦的时期，朱先生在任教之余，考虑中国文学的发展前途，认为中国的小说、诗歌、戏剧都已有充分进步，唯有传记文学，尚乏善

图 2　二十世纪三十年代前期在武汉大学，与夫人邹莲舫、次子朱君遂合影。亲属提供照片

可陈。他决定做必要的尝试，对中国历代传记做全面总结，写成《八代传叙文学述论》《中国传叙文学之变迁》，同时用英国传记的做法，写中国古人的传记，完成名著《张居正大传》。此书被称为中国当代传记文学的开山著作。

朱东润先生 1942 年离开武汉大学，转任中央大学教授，地点在重庆柏溪。1946 年因故去职，迁徙多处。1950 年因徐中玉先生所约，转至沪江大学。1952 年院系调整，进入复旦大学任教。当时复旦集中了优秀师资，陈望道先生任校长，郭绍虞先生、陈子展先生、刘大杰先生皆享重名。朱先生初任工会主席，1957 年任中文系系主任，中间因变乱停职，1977 年后再度担任，历时甚长。且因他住在学校附近，学术道德为师生所敬重。

虽然教学及系务工作繁忙，朱先生始终没有放弃学术研究。那时流行放卫星，每个人都要报个人的研究计划，朱先生说他鼓足勇气，自报要在一年内完成陆游的三种著作，即《陆游传》《陆游研究》《陆游诗选》。日夜加班，终于完成，方发现多数人放过卫星就忘了，只有他认真做到了。

朱先生与师母虽是旧式婚姻而结合，但婚后感情很好。师母识大体，敢承担，家务多得她撑持。朱先生说武汉大学西迁后，他看到家有老母和六七个孩子，下不了决心，但留下来又难免有种种风险。师母说："你放心去，家里有我担当！"这是何等勇气。后来在复旦校园，有老师曾看到他们夫妻牵手去看电影。但在动乱中，师母受到无辜迫害，愤而自杀。朱先生在肃杀的环境中，追念往事，为夫人撰写传记《李方舟传》，成为一个时期潜在写作的典范著作。平反以后，我曾在学校大礼堂听朱先生叙述往事，说到师母留言：

"东润，我先走了……"老人声泪俱下。

那一年，是我随朱东润先生读研的第三年，春间已经完成学位论文，准备答辩，但当时还没有决定是否授予学位。论文付印后，忽然叫停，原因也没有解释，就让我们等着。到夏天，方有学位条例制订的消息传来。记得朱先生从北京回来后，我曾去看望。先生说到会间见到各学者的情况，说程千帆先生会一结束就又去青岛了，直夸他是个才子。这次会议集中了全国各学科最优秀的一批学者，朱先生对能够参会很感高兴。尽管那年他已经八十五岁高龄，并无倦意。后来还听说，那时江苏钱仲联、任中敏二教授申请硕士学位导师资格，朱先生发言认为这两位的水平是可以胜任指导博士研究生的，获得众人的赞同而得通过。

1978年春恢复研究生招生时，我是复旦中文系在校工农兵学员，刚进入二年级，在老师、同学鼓舞下报名应考，并不了解研究生与本科生学习性质的差别。报名后方知道录取二人，报名超过九十人，更感紧张。好在名额增加，顺利被录取。同学黄宝华较我年长近十岁，已经是徐州师范学院教师。直到开学典礼上方见到朱先生，他在会上从中华文明传承的意义谈研究生学习之重要，私下见面更希望我无论天资如何，一切看自己努力。以后每隔一周之周三下午到他家上课，先生都做好充分准备地讲两个小时，主要带着我们读文学作品，也遍涉古今中外地谈各种看法。印象最深的，是先生特别强调读书要学会力透纸背，绝不要人云亦云，更强调要从读书中发现问题，更进一步分析研究并解决问题。第一学年，先生所出学年作业的题目是"大历元年后的杜甫"，我穷尽文献后，对影响杜甫晚年创作的离开成都草堂的原因，力破宋人旧说，重新解释。先生

图3 1981年12月，朱东润先生与首届硕士研究生黄宝华（左）、陈尚君在复旦校内合影。作者提供照片

看后，当面肯定我将问题挖得很深，但也指出有错别字和病句。许多年以后，才听说先生在研究生部说，本来以为现在无法培养学生，看了我的文章后，认为还是可以培养出来的。至于预言我将为复旦带来光荣，则是先生身后方辗转听到。

朱先生不太赞同为老年人祝寿，曾与我说，老年人日常生活很平静，祝寿活动难免会引起兴奋，对健康并不好。但难以违拗学校与同事的好意，朱先生只能接受。

朱先生有《九十》一诗云："经行带索有遗篇，九十衰翁剧可怜。我与荣公同一瞬，尚思为国献残年。"九十之年，身体已经很衰弱，但仍然希望为国、为校、为系多多出力。先生八十以后的著作，有《杜甫叙论》《陈子龙及其时代》，并将历年论文结集为《中国文学论集》。他的最后一部著作是《元好问传》，去世前两月终于定稿。最后还差一篇序。他曾告我，先忙完博士生李祥年论文答辩，然后再写序。然而答辩完朱先生就因病入院。朱先生生前多次引用

图4 1985年12月，复旦大学、上海作家协会与上海古籍出版社，在上海巨鹿路作协礼堂为朱东润先生举办九十诞辰暨任教七十周年庆祝会，右为时任复旦大学党委书记林克。亲属提供照片

图 5　朱东润先生晚年在临池习书。亲属提供照片

梁启超的话："战士死于沙场，学者死于讲座。"他是真做到了。

　　朱先生说，年轻时有师长去世，他写了挽联，自己字写不好，只能请别人写，就此发愤学习书法。他认为中国书法虽然有篆、隶、行、楷的区别，学习的正途应该从篆书写起。他在青年时期订下计划，先用二十年时间写篆字，再用二十年时间写隶书，再用二十年时间写行楷。这样的规划真是很有长远的规划，他也很认真地加以执行。由于长期坚持，他到晚年擅长书写各体，苍虬劲健，自成境界。1979 年任复旦大学书画篆刻研究会会长。上海书画出版社曾于1996 年出版《朱东润先生书法作品选》。

　　作者为复旦大学文科资深特聘教授、博士生导师，1981 年硕士毕业于复旦大学中文系，是朱东润先生的学生

父亲王蘧常的老师和学生

王兴孙

　　家父王蘧常先生年轻时就以孔子之教人和孟子之得天下英才而教育之为终身志愿。在他从师以及从教的生涯中，通过他与他的老师以及与他的学生之间的师生情谊，我们可以看出中华优秀文化传统传承的一个缩影。

　　父亲年轻时曾参加过两次"高考"。

　　他中学尚未毕业，因病休学了两年。等病好后，年龄已大。我们的祖父和伯父就开始考虑让他报考大学。当时正值杭州法政大学招生，祖父便要他去投考。他心里不愿意，但父命难违，勉强赴试。据他自己回忆："作文题为'述志'，我乃借题发挥，极言不愿从宦海中讨生活，又备论其风波之险恶。""得官则其门若市，失官则门可罗雀，人情变幻，尤所难堪。吾父吾兄已备尝之矣，我能继其覆辙乎？乃所愿学孔子之教人与孟子之得天下英才为乐。今违愿而来

图1 王蘧常（1900—1989），字瑗仲，号明两，浙江嘉兴人，复旦大学哲学系教授。中国哲学史家、历史学家、著名书法家。作者提供照片

试，则以父兄之命，如能玉成，幸甚幸甚。"那时法政大学的校长是伯父的故交，因此祖父叫伯父走访，询问是否录取。校长便出示父亲的考卷，边笑边说："从来试卷，无此奇文！余将成全令弟。"伯父大出意外，然也只能苦笑而已。这第一次"高考"就让父亲自己给"搅黄"了。

1919年秋，唐文治先生在无锡创办国学馆（无锡国专）。唐文治先生是我国著名教育家、工学先驱、国学大师，曾任上海高等实业学堂（南洋大学、交通大学前身）监督，即校长。祖父便让父亲去报考无锡国专。父亲当时顾虑录取不易；即取，又恐引入宦途，有难色。祖父便正色说："唐先生天下楷模，汝乃不乐为其弟子耶？毋自误！"不得已，父亲就参加了他的第二次"高考"。当时招生名额只有24人，报名的却有1500多人，录取比例为六十几个取一个。试题两个：一是於缉熙敬止论；二为顾亭林先生云拯斯民于涂炭，为万世开太平，试申其义。父亲一考而成，以第一名的成绩被录取。自此，父亲成为唐文治先生的学生。

在遇到唐文治先生之前，父亲曾先后师承沈曾植、康有为、梁启超三位大家。

沈曾植先生为父亲的外族叔祖父，号寐叟，父亲称其"四公"。他博古通今、学贯中西，以"硕学通儒"蜚声中外。父亲18岁那年，寐叟先生自上海回故乡嘉兴。父亲早就听说沈老的盛名，对他敬仰如泰斗，从此经常汇集疑难问题及治学之法向老人请教。其间沈曾植先生曾对父亲说过一句话："凡治学，毋走常蹊，必须觅前人穷绝之境而攀登之。"自此以后，"毋走常蹊"这四个字就成了父亲一生不敢相忘、一生予以追求的眼界和格局，专攻经、史、子、文时这样，教书育人时这样，著作耕耘时也这样，以至于对他业余喜好的书法还是这样。大约在父亲向寐叟先生拜师两年后，老人便去世了。父亲十分悲痛，书挽联痛悼恩师：

　　　海天留万丈光芒公原不死，
　　　薪火传千秋学业我又何堪。

父亲对寐叟先生一直眷念不忘，曾竭尽心力编写《清末沈寐叟先生曾植年谱》，数易其稿，最后成书由商务印书馆出版。

父亲与康有为先生的首次会面是在沈曾植先生的沪寓。当时父亲才19岁，他带了临写的《爨龙颜》碑文去请沈老教正，正好康有为先生也在座。当他得知父亲带了书法习作请"四公"批改时，便对沈老说："四兄，让我来代劳吧。"南海先生（因康是广东南海人，所以世称南海先生）看了父亲的习作，连连叫好，一口气批了48个圈，并回头对沈老说："咄咄逼人门弟子。"沈老听了，脸色一沉，说："休要长了少年人的骄气。"原来南海先生引了宋代赵庚夫题曾几《茶山集》的诗句，将沈老比作曾几，而把父亲比作陆游。而且诗中"咄咄逼人"四字又是卫夫人形容王羲之的话，这是又把父亲比作王羲之。因此，沈老觉得过分，便发话阻止了。父亲始终尊南海先生为师。南海先生论述书法的名著《广艺舟双楫》，父亲常置案边，不时翻阅。在书法理论、执笔运笔以至选帖择碑等方面，父亲都觉得受教益多。1988年，父亲应康有为先生的女儿康同环女士之邀书联以颂：

> 万木风高，际海蟠天终不灭，
> 一言心许，铭记镂骨感平生。

此后，祖父又命父亲问业于梁启超先生。祖父与梁启超先生同年中举，因此父亲称之年丈。梁启超先生有天下大名，父亲多次向他请教子学与史学。梁先生曾面教说："中国之史，但如刻板，某日有某事而已。至事之何以生，远因何在？近因何在？莫能言也。其影响何如？莫能言也。故汗牛充栋之史书，真无生气之可言。汝喜历史，能知其蔽乎？能毅然立志一新其面目乎？"父亲认为他后来"立志拟作秦史，妄欲于旧史陋习有所刷新"，实由梁启超先生"高论启发之"。梁启超先生又为父亲论先秦诸子，以为必先明流派。自1925年至1926年在无锡国专任教时，父亲即讲授诸子研究的课程。从1927年春开始，父亲对诸子学说做了系统研究。次年，他又为大夏大学高等师范科讲授先秦诸子。课程结束后，他对所编讲稿做了整理，并呈梁启超先生教正。梁先生复信嘉勉，并为书稿定名为"诸子学派要诠"。此书并附《先秦诸子书答问》在1936年由中华书局出版。父亲对梁启超先生一直十分敬重。1958年，戊戌变法60周年，父亲应人民文学出版社之邀，抱病编著《梁启超诗文选注》，一个重

图 2 　王蘧常先生与夫人沈静儒女士 1929 年婚后合影。作者提供照片

要原因就是出于对梁启超先生的崇敬与感激之情。

在父亲的四位老师中，对他学术乃至人格精神影响最大的是唐文治先生，用父亲自己的话来说，这样的影响"至深且大"。因此，无锡国专毕业之后父亲就留校任教，开始了长达六十余年的教书育才生涯。

唐文治先生也十分倚重父亲，视他为唐门"鼎甲"。无锡国专1938年以后在上海"孤岛"复校，当时唐文治先生因年迈体衰，实际上的校务和教务几乎全部委托给担任教务长的父亲一人肩负。对于老师的嘱托和信任，父亲不敢有一丝一毫的懈怠，即使经费支绌，困难丛集，始终殚精竭虑地思考如何办好学校。他深知培育人才端赖名师，所以先后延请了许多热心教育而又卓然成家的学者，如周予同、周谷城、蔡尚思、朱东润、张世禄、胡曲园先生等。只要看一下这份名单，就可以知道父亲当时聘请的都是造诣极深的一时名流。有时为了请到一位名师，父亲不惜亲自登门造访，虽至再至三而不厌。至于经费拮据，则更是伤脑筋的事。往往到学期终了前一月，教职员工薪水还无着落，父亲便不得不奔走于富家巨绅和私人银行之间，募捐借贷，以渡难关。有时经费筹措不到，父亲不愿惊扰唐校长，自己却急得连续几天夜不成寐而神色异常。有意思的是，父亲当年聘请的国专教师，许多后来都到了复旦大学，又成了他的同事，他们都成为复旦文科各专业的名教授和学术带头人。曾有人如此评价无锡国专："中国近代教育史上，无锡国专是个很特别的学校，它规模不大，历史不长，却有着堪比西南联大的教师阵容，学生在那里接受第一流的学问，体悟到第一等的境界。"

父亲对老师是那样尊重、感恩，对学生又总是循循善诱，关心爱护，他希望学生不仅有成家立业的本领，而且能对民族、社会多做贡献，成为栋梁。

父亲对清贫子弟尤为关心，为了使他们得到学校或私人提供的助学金或奖学金，他常常不顾疲劳奔走于校内校外。为了帮助学生毕业后谋职就业，他又发函走访，仆仆风尘，在所不辞。毕业多年的学生遇到困难来求助，父亲也一样热诚相待。他会不顾自己家庭的拮据而倾囊相助，或将自己的衣服赠予学生御寒。学生遇到委屈或受到运动冲击，危难中来向他倾诉、求助，他都是怀着满腔的同情来劝慰他们，并尽力给予支持。乱世中父亲自己受到冲击，但他却时时牵挂自己的学生，写信鼓励他们"独立乱流中"。曾任苏州丝绸工学院副院长的秦和鸣是无锡国专的学生，因参加共产党地下活动而多次遭到追捕，有时就躲到我们家里来。父亲去世多年后，秦和鸣在90岁时还一再感慨地对我们说："王老师和王师母待我，如同我的父母！"

而学生们也对父亲十分敬爱并提供各种帮助。日寇占领上海租界后，汪伪政府"接管"交通大学，父亲为保持民族气节，毅然辞职离校。当时，由杭州迁到上海租界的之江文理学院也被迫关闭。父亲一时失去两个教职，家中连食粥的生活也难以维持。在我们家最困难的时候，父亲在交通大学的学生王叔堤设法在他父亲主持的一家私人银行——中国商业银行中为父亲谋得一个秘书的职务，虽然那只是一个挂名职务，但所得薪水已能维持我们家的温饱生活。

粉碎"四人帮"后，许多父亲几十年前教过的学生虽失联多年却纷纷来寻找看望。如曲琦先生在20世纪40年代前期曾求教于父亲，后赴外地任职并参加地下工作。他因工作及政治运动历经坎坷，与父亲数十年不通音信。20世纪80年代有一次他到上海，特地花了一整天时间从外滩横穿上海走到我家原来的住址附近到处寻访，终于与父亲重逢，万分激动。此后，即使他的子侄到上海出差，他也都要托他们来看望父亲，并让他们带上录音机，把谈话录下来带回去让他聆听，感情至深。周一萍也是父亲早年的学生。他因后来赴外地升学及参加革命活动而数十年未通音信。20世纪80年代，他到上海出差时打听到我家住址，立即前来拜访，时任国防科工委副政委的他见到父亲立即致以一个军礼。正如他在一首诗中所述："五秩流光若逝川，重亲謦欬浦江边。"此后他每次到上海，都要来看望

图3 王蘧常先生（前排左三）1947年与上海市中学教师暑期讲习会国文组学员合影。作者提供照片

父亲。看到父亲居家局促，他虽已年逾花甲，还在各政府机关奔走不息，了解相关政策。多亏他的不懈努力，我们家才得以迁入新建的公寓中。

我表弟沈宁在《与大师谈大师》一文中提到了 20 世纪 80 年代我父亲的一件往事：

> 在做外文局局长的时候，范伯伯发现外文局干部，特别是业务干部们，居住条件差到不堪一提的地步，决定想办法为职工解决这个老大难问题。盖宿舍房屋，当然要钱，外文局是国家事业单位，每一分钱都是国务院批的。他给当时国务院主管财经的姚依林副总理写了一封信，申请基建资金。经过打听，获知姚依林副总理在上海光华大学附中读书的时候，曾经是王蘧常先生的学生。范伯伯高兴了，马上把自己写给姚副总理的信，寄到王蘧常先生那里，请求恩师帮助。六姑父接信后，在范伯伯写给姚副总理信头注了八个字：此生诚实，其言可信。然后从上海把信寄给北京的姚依林副总理。没过几天国务院就批给外文局 800 万元的基建资金，盖起两座宿舍楼，解决了许多干部的住宿问题。

沈宁在后文感慨地说，听完这个故事，他仔细想了想，觉得这件事，从几个方面证明了同一个道理。范伯伯对恩师很尊敬，虽然毕业 30 年了，仍然有事就向恩师请教，并且相信会获得恩师的帮助。六姑父时常关怀学生，凡学生有事相求，必亲自过问尽力解决。姚依林副总理对老师很尊重，他虽贵为副总理，对数十年前教过他的

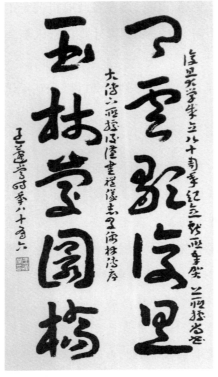

图4 王蘧常先生为复旦大学建校80周年撰书对联一副：卿云歌复旦，玉杖庆圜桥。复旦大学档案馆提供照片

老师，还是不敢怠慢。何以王蘧常先生对姚依林副总理有那么大的影响力呢？范伯伯笑着说："你六姑父做老师，那确实是非常迷人的，讲课讲得好，人品也好，一代宗师，凡他教过一节课，所有学生对他都一定是永远尊敬爱戴的，姚依林副总理也不会例外。"

上文中的"范伯伯"是范敬宜先生（时任国家外文局局长，后又先后任《经济日报》和《人民日报》总编辑），是父亲在无锡国专任教时的学生。父亲是沈宁父亲沈苏儒先生的表姐夫，所以沈宁又称他"六姑父"。

这一事例生动地体现了当年师生之间的感情。学生十分尊重、信赖老师，而老师又十分关心、爱护学生。"此生诚实，其言可信"，短短八个字，却饱含了老师对自己学生的充分信任。

还有不得不提的复旦大学文科资深教授、哲学学院创始院长吴晓明先生。父亲先后在无锡国专、大夏大学、之江大学、交通大学、暨南大学任教，1952年调入复旦大学。复旦大学是他待过最久，也是感情最深的大学。吴晓明教授不是父亲的研究生，二人研究的专业也不同，但20世纪80年代，有好多年，他几乎每周都要从江湾复旦大学到宛平路我家，与父亲谈古论今，讨论书法。此后吴晓明一直把我父亲看作自己的老师，父亲的许多诗词联语他都能熟记于心。2000年时任哲学系系主任的他主持举办父亲100周年诞辰纪念会，并在会上宣布哲学系将与上海古籍出版社协作出版凝聚了父亲数十年心血和辛劳的遗著《秦史》。2017年，吴晓明又和他的学生、复旦大学哲学院院长孙向晨教授一起，发起并推动成立了"王蘧常

图5　1988年6月19日（农历五月初六），由周谷城、苏步青、顾廷龙、谭其骧、王元化、谢稚柳等三十余位学者名人发起举办的"王蘧常教授从事教育工作、学术活动六十五周年暨九十寿诞"庆祝活动在上海静安宾馆举行。图为王蘧常先生与前来祝贺的复旦大学谢希德校长（左一）握手。作者提供照片

研究会"，亲任会长，开创了对父亲学术成果与书法艺术成就全面研究的新局面。2018 年，父亲荣获上海市社会科学界联合会"上海社科大师"称号。2020 年复旦大学哲学学院又举办了纪念王蘧常先生120 周年诞辰座谈会。

从父亲的老师到他的学生，一代又一代，体现了极为珍贵的师生情谊和人文精神，这就是中华文化的优秀传统。可见，传统的传承，既要靠文字、典籍，也要靠师承。

作者为王蘧常四子，原任上海对外贸易学院副院长、王蘧常研究会会长

严幼韵：复旦最早的女生

金光耀

　　复旦大学自 1927 年始有女生入学，开始男女同校。女生初进校门，人数又少，自然格外引人注目，其中最出名的莫过于有"爱的花"之称的复旦第一位"校花"严幼韵了。

　　严幼韵出生在一个典型的近代商人家庭。她的祖父严信厚 17 岁时离开浙江宁波附近的农村，来到上海，在银楼学生意。后经人介绍入李鸿章幕府，得到李鸿章的赏识。1885 年，严信厚得到长芦盐务帮办的官职，开始其以盐务起家，积累资金投资工商业，逐渐成为东南地区有影响的大商人。20 世纪初，上海各界商人组织总商会，他出任上海商务总会首任总理。

　　严幼韵出生于复旦建校的 1905 年，她两岁时严信厚去世，留下一份丰厚的家产，使她从小就过着无忧无虑的富家生活。从天津中西女校毕业后，严幼韵回到祖父的发家之地上海。1925 年，严幼韵

图 1　严幼韵（1905—2017），出生于天津，祖籍浙江宁波。1927 年复旦大学首届女生。图为 1932 年丰姿绰约的严幼韵。亲属提供照片

进沪江大学读书。沪江是一所教会学校，有严格的校纪校规，学生被要求住校，每月只能回家一次。严幼韵感到校规太过严厉，读了两年后，正好复旦大学开始招收女生，就转校来到校园氛围宽松得多的复旦读商科三年级。

严幼韵转入复旦时，后来被称为"东宫"的女生宿舍尚未建好，这正合她不愿住校的心意，因此就坐自备轿车从静安寺家中来校上课。轿车配有司机，车牌号是八十四号。一些男生就将英语 Eighty Four 念成沪语的"爱的花"。严幼韵长得漂亮，父亲在南京路上开着"老九章绸布庄"，各种衣料随她挑，因此每天更换的服装总是最时髦的，令人眼花缭乱。"爱的花"这一外号也就不胫而走，更传出复旦校园，出现在上海的报章杂志上。

女生初进校园，使复旦男生如沐春风。有校友写道："平常一班顽皮而天真的男同学们，骤然之间见了哪位典型的女同学，好似人力车夫见了交通警察一样，深恐触犯规章，不敢乱动一步，人人均谨言慎行，衣履清洁，内务整洁。在功课方面，亦较往昔加倍用功，不但白昼专心苦读，晚上还要开夜车，深恐成绩落在裙钗之后。"严幼韵更受男生的关注。1929 年毕业于复旦商科的章宗钰先生回忆说：

那时校花 Eighty Four 译名"爱的花"，不仅在复旦而且在全上海是知名度很高的人物，打扮入时，无法形容她的美在何处，至少她上下午服装不同，徐文台学长说她是一"衣服架子"，因为她家是开绸布庄的；好有一比，萧子雄女同学和她寸步不离，一高一矮，一美一丑。例如邱正伦教授的公司理财课，她俩每次必迟到，门声响处，皮鞋答答，大家一定"向右看"，弄得邱教授讲"issue bond，issue bond"接着说不下去，足证其魔力之一斑。

"爱的花"做功课大有一套，遇到要交习题或报告，她会电话某位男同学，说要借他的习作一看，闻者无不欣然听命，归还时洒上一些香水示意，甚至一位周同学正本报告被她拿去交卷，认为是"受宠若惊"！

严幼韵生性活泼好动，喜欢社交。在沪江大学时就积极参加校园活动。校内体育比赛，她会自备银盾，奖给优胜的同学。1927年底，复旦成立首支女子篮球队，她担任球队管理，每天傍晚，球队都有活动。她还热心校园外的社会活动，担任过法租界中华义勇团募款活动的妇女部主任，募款委员大都是社会名流，如唐绍仪、杜月笙等人。

也许是太过于热心课外活动而耽搁了学业，严幼韵要毕业时遇到了麻烦。1929年夏天，复旦大学第一批入校的女生中有4人可以毕业了。除了严幼韵，另3人是女篮队队长李雄芳，与严幼韵一样照片上过《良友》画报的冯蕴英和读中国文学的刘思玄。6月中旬，临近毕业，学校注册部公布"缺课逾四分之一不能参与大考"名单，严幼韵榜上有名，且名列第一，注明是戏剧学缺课逾四分之一，按例不能参与大考，这样毕业就成了问题。因为是校园名人，一时议论纷纷，连《申报》都刊登了这一消息。复旦大学实行学分制，如果缺少几个学分，可以通过暑期课程补足。但据说严幼韵不愿在酷暑中来学校上课，而是另想办法。复旦还有一规定，学生在课外阅读中有心得写成论文，经相关科目的教授审阅后如获首肯，亦可得到相应的学分。严幼韵最终交了一篇论文补齐学分，终于毕业。

读书期间，严幼韵喜欢跳舞，作为舞会上的女王，她的周围不乏仰慕和追求者。有一段时间，与她一起出入舞厅最多的是沪江大学的高才生、上海滩的足球健将陆某。严幼韵的侄女严仁美后来回忆说，当时认为身材匀称一表人才的陆某是会如愿以偿的。

但这时候杨光泩出现了。杨光泩第一次看见严幼韵时，她正自己驾着那辆"爱的花"轿车。他可说是一见钟情，马上请朋友介绍认识，以后就不断地送花，和严幼韵约会、看电影、跳舞。杨光泩此时28岁，尚不到而立之年，是国民政府外交部情报司司长助理和条约委员会成员，一个前程似锦的外交官，其资历非在校大学生可比。杨光泩出生在丝商家庭，其祖父在十九世纪末来上海开丝行。1920年，杨光泩从清华学校毕业后获庚款资助赴美留学，四年后获得普林斯顿大学国际法博士学位。1927年，杨光泩受聘于母校清华，担任政治学和国际法教授，并兼北京政府外交部顾问。1928年初，北京政府大势已去，杨光泩受邀南下，加入国民政府。

进南京政府外交部不久就坠入爱河的杨光泩，虽频频与严幼韵约会，却并不因此耽搁手头的工作。作为外交部情报司官员，给报纸写稿是他的任务之一。严幼韵的姐姐严莲韵在一次舞会上，看见杨光泩在舞会十多分钟的休息间隙，挥笔写就一篇文章，当即送报纸发排。按严幼韵的说法，杨光泩是以西方人的方式大胆热情地在追求她。严家开着绸布庄，杨家做丝绸生意，两家父辈相互认识。但杨光泩却别出心裁地想了一个去拜见严幼韵父母的方法。他在一个牌局上向严幼韵借了10元钱，第二天就登门还钱，于是拜见了严

图 2 1929 年 9 月 6 日，严幼韵与杨光泩结婚了。婚礼在他们经常去跳舞的大华饭店举行，由外交部部长王正廷主持，出席者千余人。亲属提供照片

幼韵的母亲，并以传统的方式向严母磕头。

1930 年，新婚不久的杨光泩在而立之年出使海外，严幼韵也随夫出洋，开始了外交官夫人的生活。杨光泩先以一等秘书身份任专门委员，随后就任驻伦敦总领事。在伦敦总领馆时，有一阵子国内经费无法及时寄达，领馆的房租都难以支付，严幼韵向自己家中求援，以先垫付房租和下属的工资。稍后，杨光泩作为中国代表团成员，多次出席在日内瓦举行的国联会议，严幼韵也随同前往日内瓦。他们的第一个孩子就出生在那里。

1934 年，杨光泩奉召回国，受命出任在上海出版的英文报纸

《大陆报》的总经理和总编辑。不久，杨光泩再度被派往欧洲，常驻巴黎做对外宣传，与当时也在做抗日宣传的中国共产党人吴玉章有来往。严幼韵在相夫育女之余，热心社会公益活动。1936年11月，她代表姐妹四人出席金陵女子文理学院疗养院落成典礼并致辞。这所疗养院是她们姐妹四人出资建造的，四人的夫婿捐赠了疗养院的设备。

　　1938年，杨光泩奉命赴菲律宾，以公使衔担任中国驻马尼拉总领事。当时菲律宾尚未独立，中菲间没有互设使馆，驻马尼拉总领事就是中国在菲律宾的最高外交代表。1939年初，严幼韵带着他们的三个女儿也来到了马尼拉。作为总领事的夫人，严幼韵是杨光泩开展外交工作的好帮手。她亲手设计并操办总领事官邸的装潢，陪同杨光泩出席各种外交礼仪活动，还以女主人的身份招待了菲律宾和美国的官员及华侨领袖，当时在马尼拉的美国将军麦克阿瑟也是中国总领事馆的座上客。

　　1942年12月7日，珍珠港事件爆发，日军同时向驻菲律宾的美国军队发起攻击。面临战争的炮火，杨光泩沉着镇定，一面与侨界领袖联络，会商应变办法，协助华侨疏散；一面开始烧毁华侨抗战捐款存据和其他重要文件，并奉国民政府命令，销毁在美国印制、运往中国途中搁置在马尼拉的大宗法币。美军司令麦克阿瑟从马尼拉撤走时，要杨光泩一同撤走，但他表示因未接国民政府撤退命令，所以必须恪尽职守，坚守岗位。

　　1942年1月2日，日军攻占马尼拉。两天后，杨光泩与留守总领事馆的另七名外交官就遭日军拘禁。当日军士兵来到杨光泩在战争爆发后居住的马尼拉饭店时，他十分平静地拿起早就准备好的一包衣服告别妻女。被日军拘禁期间，杨光泩严词拒绝日军要其向华侨募款的要求。4月17日，杨光泩和七名外交官惨遭日军杀害，为国捐躯。

丧夫的巨大打击并没有击垮严幼韵。作为母亲，她要抚养三个女儿，而最小的女儿才刚过三岁。作为总领事的夫人，她感到有责任照料好其他七位外交官的妻子儿女，况且那些外交官太太比她要年轻，孩子也小。于是，她刚到马尼拉时租下的三个卧室的屋子，就成了这些外交官家属共同的家园。除了每个卧室要住两户人家，客厅里也得住人，整个屋子一共住了近二十个人。空间有限，挤一下还可以对付，但这么多张嘴，吃的问题十分严峻。战争期间，日军在马尼拉实行粮食配给，但光靠配给是无法填饱肚子的。于是在当地华侨接济之外，严幼韵带领外交官太太自己动手，在院子里养起了鸡和猪，还学会了自己做酱油、肥皂，并将多余的拿去出售。

生活虽然艰辛，但严幼韵却始终保持着乐观的心态。屋子里留有一架旧钢琴，空闲的时候她总要去弹奏挪威作曲家辛定的曲子《春之声》。严幼韵的大女儿杨蕾孟此时已过十岁，她清楚地记得母亲在整个战争期间从未显现出任何忧虑的神态。因此这段艰难的日子，在严幼韵女儿的记忆中却留有一些儿时的童趣。

年近百岁时，严幼韵谈到马尼拉的日子时说："现在我回过来看，当时的我们确实非常勇敢。我们那时比我现在大多数的孙辈都要年轻……我与莫太太（莫介恩领事的夫人）三十多岁，其他一些人则更年轻。尽管我们不知自己的丈夫生死如何，非常担忧我们的孩子，我们自己的命运也完全无法确定，但我们直面生活，勇往直前。"

第二次世界大战结束后，菲律宾华侨会同美军将杨光泩等8具为国捐躯的烈士的忠骸挖掘出来。1947 年 7 月 7 日，即卢沟桥事变 10 周年的日子，国民政府特派专机将杨光泩等 8 位烈士的忠骸运返祖国，在南京进行庄重的公祭和公葬仪式，将烈士忠骸安葬在南京雨花台西南的菊花台。新中国政府对杨光泩这位抗日外交烈士也充满敬意。1987 年 11 月 17 日，江苏省和南京市政府举行纪念杨光泩等烈士公葬 40 周年仪式，缅怀烈士慷慨就义的英勇精神和爱国情怀。

美军攻占马尼拉后，严幼韵和她的三个女儿在美军司令麦克阿瑟的安排下，搭乘第一艘携带美国平民回国的轮船前往美国。严幼韵在纽约安排好三个女儿进学校后，想应该找一份工作了。在这之前，严幼韵还从来没有过一个正式的工作呢，她的"职业"是外交官夫人。

通过联合国负责托管事务的副秘书长胡世泽的介绍，严幼韵在联合国礼宾司开始了自己的第一份正式工作，年薪是 3700 美元。在礼宾司，严幼韵负责中国、美国、苏联、日本、泰国、缅甸、澳大利亚等 13 个国家。开始时人手少，工作压力很大，同事之间心直口快，难免有些摩擦，生性平和的严幼韵常居中做和事佬。在联合国礼宾司工作 13 年后，1959 年 10 月的联合国大会结束后严幼韵正式退休。她在回忆起这段经历时说："在参加联合国的工作前，我从未正式工作过。当我刚开始工作时，先前参与外交活动的经验给了我信心，我马上就明白我这一工作最重要的素质就是彬彬有礼和热情好客。我非常喜欢在联合国工作的 13 年又 6 个月，也很喜欢我在那里结识的许多朋友。"

严幼韵与顾维钧早就相识。20 世纪 30 年代初，严幼韵随杨光

图 3 1959 年 9 月，严幼韵与著名外交家顾维钧结婚。这时，严幼韵 54 岁，顾维钧 71 岁。亲属提供照片

图 4 2000 年，金光耀在纽约严幼韵寓所与其讨论顾维钧相关问题。作者提供照片

洼出使欧洲，而顾维钧正出任中国驻法国公使，并兼中国驻国联的代表，两人因此相识并经常见面。1938年夏，严幼韵带着两个女儿在法国度假，还坐驻法大使馆的车子与顾维钧等一起去大西洋边的旅游胜地特鲁维尔游玩。1946年7月，顾维钧出任驻美大使。两人一在华盛顿，一在纽约，周末经常见面。

严幼韵与顾维钧结婚后，对顾维钧的生活照顾得无微不至。顾维钧退休后生活安逸，健康长寿，得益于严幼韵者良多。顾维钧于1985年11月14日去世，终年97岁。严幼韵与他一起生活了26年。

严幼韵与杨光泩有三个女儿。次女杨雪兰是一个有成就的企业家。20世纪末她出任美国通用汽车公司副总裁，为通用公司在上海投资生产别克汽车做出重要贡献。她还担任美国百人会文化协会总裁，致力于推进中西文化间的交流。上海博物馆建造时，杨雪兰捐资在博物馆内建了"幼韵轩"，代表母亲表达对上海文化事业的支持。

2000年10月，我赴纽约拜访时年95岁的严幼韵，向她汇报一个月前在母校复旦大学举行的"顾维钧与中国外交"学术讨论会的情况。她看着会议的照片，询问相关的情况，兴致极高，精神极佳。我在她家做客三四小时，老人毫无倦意。

2006年2月，我又去纽约拜访。那天，正好中央电视台给她拍纪录片，已经101岁的老人非常高兴，亲自下厨做了龙虾沙拉给大家品尝。

作者为复旦大学历史系教授，1982年7月本科毕业于复旦大学历史系

蔡尚思对中国学术思想史的研究

傅德华

我国学术界资深百岁学者蔡尚思先生，自 1930 年经蔡元培先生介绍来复旦大学任教始，即与复旦结下了不解之缘。1935 年担任沪江大学校务委员会副主任的蔡尚思先生，继续在复旦大学兼课，直至 1952 年全国院系调整第三次来到复旦后，就再也没有离开过复旦。蔡先生到达复旦后旋被聘任为复旦大学历史系系主任。1956 年被国家评为二级教授。曾于 1957 年及 1984 年两次当选校务委员会委员。1976 年复旦研究生部（研究生院前身）成立时，蔡先生被任命为研究生部副主任，主任为苏步青。1978 年《复旦学报》复刊时，他被任命为复旦大学文科学术委员会副主任，负责参与学报的复刊与整顿工作。

1978 年，年已 73 岁的蔡先生由于工作的需要，被任命为复旦大学副校长，全面负责复旦大学文科的教学与科研工作。直至 1982 年从这个岗位上退下来，其时已77岁高龄，创造了复旦大学有史以来这个岗位的任职人员的最高年龄纪录。1982年高校恢复学位评定工作后，蔡先生担任复旦大学学位评定委员会副主席。在此期间，蔡先生努力探索高校学位改革发展的新思路，在《上海高教研究》上发表了《回顾　总结　探索——我对发展中国高等教育的一些看法》一文，曾在高等院校产生过一定的影响。

图1　蔡尚思（1905—2008），福建德化人，中国著名历史学家和思想史家。复旦大学历史学系教授。亲属提供照片

与国学大师蔡元培的交往

20世纪20年代蔡尚思先生在北大研究院听课，蔡元培在北大推行"思想自由，兼容并包"的主张，使蔡尚思先生一直非常仰慕和敬佩他。特别是蔡元培主张校长的学术论点也可以让教授批驳的精神，更是被蔡尚思先生称为"实为古来主持教育行政所未曾有。"

1928年，蔡尚思先生给此时已到南方的蔡元培写了一封信，"称赞他的学术民主作风"。蔡元培很快写了回信。信的开头就写到"得惠书，承过奖，不敢当"，并随信寄来了一张照片，上面用毛笔工整地写着"尚思吾兄同学惠存"，落款为"十七年十月十七日，蔡元培

图2　1928年蔡元培赠蔡尚思的个人照片。1930年9月，蔡元培向时任复旦校长的李登辉举荐蔡尚思"堪任教授"，蔡尚思首进复旦。亲属提供照片

敬赠"。由此，蔡尚思先生开始了与蔡元培十几年的交往。

1929年9月，经蔡元培介绍，蔡尚思先生到了上海大夏大学国学系任讲师，这被他称为"我在大学教书的开始"。蔡元培极为欣赏蔡尚思先生，同年12月27日曾写信给胡适，信中写道："蔡君尚思，旧在北大国学研究所用工，草有《孔子人生观的哲学》等，欲就正于先生，敬为介绍，务请进而教之。"在两位大师的帮助下，这本书以《孔子哲学之真面目》于1930年2月由上海启智书局出版。

1930年9月，蔡元培又向复旦大学校长李登辉推荐蔡尚思先生，说："蔡君尚思精研国学，所著《中国学术大纲》一编，内容丰富，且多新见解，堪任教授。"随后，蔡尚思先生被聘为复旦大学中文系教授。这是他首进复旦任教。其间，蔡尚思先生因为在南京国学图书馆搜集"中国思想史料"，经常到中央研究院总办事处去看望蔡元培。据蔡尚思先生回忆，1934年，有一次他去看望蔡元培时，蔡元培"为了认真，竟也以'臣罪当诛兮天王圣明等语出于何书与何文'问我，这是多么虚心呀！"而对于蔡尚思先生的有关中国思想史的"二百万言"资料的搜集，蔡元培也是非常关心。在抗战以后，

图3 2000年，95岁的蔡尚思在复旦第1宿舍3号书房，撰写《我在老师中首先想到蔡元培》的文章，此文刊载于同年朝华出版社《学林往事》一书中。亲属提供照片

"还常来信问讯"。

1939年8月，蔡尚思先生的《中国思想研究法》一书由商务印书馆出版，蔡元培为之作序，他在序中这样写道："蔡君不吝以实地试验之研究法，详悉叙述，使读者各能利用其所言之方法，而自行研究，以冀于中国思想历史上有所贡献，其公诚之态度，为可钦也。"

1940年，蔡元培逝世于香港。为表达对恩师的纪念和哀悼，蔡尚思先生到上海合众图书馆等处搜集有关他的资料，赶编《蔡元培学术思想传记》，并于第二年完成了30余万字初稿，只是到1950年时该书才得以出版。

1947年，在蔡元培80周年诞辰三日后，蔡尚思先生应蔡元培夫人周峻女士之邀参加了一个旨在商讨筹备蔡元培图书馆的聚会。会上蔡尚思先生报告了其对蔡元培生平史料的搜集和编纂情况，并"承嘱再作一篇纪念文字请各界注意"。这就是后来刊载在《大公报·星期论文》上的《值得国人纪念的蔡元培》一文。时隔53年后，其95岁时，还专门写了一篇《我在老师中首先想到蔡元培》，发表在《学林往事》一书中。

由此可见，他对蔡元培的情感之深。其与蔡元培的交往与评价，可以用蔡尚思先生在《蔡元培的创造历史记录》一文中所引用的一对对子来概括："思想多向前，年少年老一致；精神大无畏，在野在朝相同。"时代是在不断地发展着的，很多人、很多事都会在一瞬间被定格于历史之中。这些前人们的思想值得我们去回味和思考。蔡尚思先生与蔡元培的交往同样有许多值得后人回味和思考的地方！

蔡尚思学术思想的三大特点

1994年11月5日，复旦大学党委为表彰蔡尚思先生为中国学术思想研究所做的突出贡献，在他九十华诞来临之际，于物理楼召开了"蔡尚思教授执教六十五周年暨学术思想研讨会"。那天，复旦和校外的学者、记者和学生济济一堂，共同敬贺蔡老九十华诞。当蔡先生与校领导和师生代表来到会场时，大家起立鼓掌致意，蔡先生精神矍铄，皮肤白里透红，满脸笑容，完全看不出已是快九十高龄人。会议开始后，首先由学生代表全校师生向他敬献了鲜花，以示对他的崇敬之情。学校研究生院还专门为蔡老准备了一块匾，上面红

图 4 1994 年 11 月 5 日，复旦大学于物理楼召开"蔡尚思教授执教六十五周年暨学术思想研讨会"。前排左起依次为钱冬生、蔡尚思、程天权、朱维铮。后排左起依次为王明根、吴瑞武、李妙根、赵建民、莫有明等。作者提供照片

字为"敬贺蔡尚思教授九十华诞暨执教六十五周年"，落款"研究生院　一九九四年十一月五日"。

校党委书记钱冬生、副书记程天权亲自到会并聆听蔡先生做的"我是如何开展中国学术思想研究"的发言。蔡先生说，他对中国学术思想的研究与早年受梁启超、王国维和蔡元培的影响是分不开的。但他又有自己的特点：一是一生多读书，与书结下不解之缘。自幼在乡下私塾背诵《三字经》、"四书"、《孝经》等，后去永春开始读经部《易》《书》《诗》《礼记》等，史部《史记》《汉书》等，子部《墨子》《老子》《庄子》《商君书》《荀子》《韩非子》等，以及

主要名家韩愈、柳宗元、欧阳修、王安石、曾巩等的集部著作，还有唐诗、宋词等集子，打下了深厚的治学基础。这种读书习惯，一直保持到老。由于读书多，蔡先生自然而然地形成一种"竭泽而渔"的治学方法。每研究一个课题，若不掌握全部资料，绝不轻易下笔、妄下结论。二是勇于争鸣，卓立我见。本着"治学意志坚，自甘做异端"的原则，蔡先生在学术研究中，总是直陈己见，不人云亦云，不迷信前人，不害怕孤独，不随风使舵，不曲学阿世，富有"创天下之所无，而反对得人之得而不自得其得"的创新精神。三是紧跟时代，与时俱进。他在《自传》中曾写道："我的学术思想同这个大时代的关系是分不开的。"这个论断，完全符合辩证唯物论，符合他自身学术思想的发展规律。

会上蔡先生的学生纷纷发言，赞赏蔡先生自步入复旦任教之日起，以及在学校担任领导工作期间，为保持复旦在学术界的地位而笔耕不辍。自 1952 年撰写《我在上海解放前后》一文始，迄至 1982 年从副校长的位置上离任，蔡先生共在各类学术刊物上发表了 80 余篇有关中国思想文化史方面的学术论文；撰写学术著作 5 部，其中 1985 年 5 月由湖南人民出版社出版的《王船山思想体系》一书，曾荣获 1979—1985 年上海哲学社会科学优秀著作奖。蔡先生多次代表复旦大学出席全国性有关中国传统文化的国际学术讨论会，并在大会上发表演讲。尽管数字是枯燥的，但其中蕴含着的蔡先生对弘扬复旦大学学术影响所做的贡献却是直观的。

在教学方面，蔡先生先后为学生讲授过中国思想史、中国政治思想史、中国现代思想史、中国思想文化史等课程。他在讲坛上生动风趣、滔滔不绝地引经据典，阐述中国思想文化史上发生的一切，启发学生留住文明的记忆。所有这些无不给校内外听过他讲课的学生留下难以忘怀的印象。

2010 年 7 月 11 日，复旦大学退管会和历史学系党总支在他百岁华诞之际，在华东医院召开了"祝贺蔡尚思教授百岁华诞暨执教 75 周年"座谈会。会上校党委副书记彭裕文在讲话中说，全体复旦人在百年校庆即将到来之际，满怀激情欢聚在一起，为复旦大学继马相伯、苏步青校长之后的又一位百岁老人蔡尚思教授举行百岁华诞暨执教 75 周年庆典，在此谨向蔡老表示热烈的祝贺。他接着说，蔡老生于 1905 年，与复旦大学同龄。复旦百年，发奋图强，从小到大，由弱至强，这其中一个重要原因，就是所有的复旦人，包括蔡老等在内的一代又一代博古通今、学贯中西的大师们，始终坚持科学知识的传授与学科人才的培养，始终坚持中华民族之现代理性的展开与人文精神的养成，始终坚持使大学成为学术之津梁与思想之摇篮。复旦正因为有了像蔡老这样的一大批学者作为各个学科的领头人，才有今天的辉煌。复旦的莘莘学子是永远不会忘记您老七十余年来为复旦的学术研究、教学改革、人才培养等方面所做出的杰出贡献。复旦人因为有了您而感到自豪，您的名字将与复旦百年辉煌联系在一起。

九十高龄登九层楼梯查阅资料

1995 年春夏之交，年届 90 高龄的蔡先生，为了查阅毛泽东一首诗的最早出处，来到文科大楼准备乘坐电梯到九楼历史系资料室找我。此时我正好从校图书馆回到文科大楼，与他不期而遇。他说，正要找你呢。此时，正值学生下课，乘坐电梯的人很多。于是蔡先生对我说，我们从楼梯走上去吧。我说，您如此高龄，能行吗？他回答说，可以。我原想，楼梯边还有一个消防用的电梯，结果人也很多。于是我跟着他，边登楼梯，他边向我说明要查找的有关内容。就这样我们一个台阶又一个台阶，一层又一层，中途也没停留，不知不觉地到了九楼。那天，我特意注意到，他一点都不喘。由此可见，他的体质确实很好。

蔡先生要查找的是毛泽东早年写过的一首《七绝·改诗赠父亲》诗："孩儿立志出乡关，学不成名誓不还。埋骨何须桑梓地，人生无处不青山。"他要查找该诗的最早出处。我很快就给他找到了，即出自日本明治维新时期著名政治活动家西乡隆盛的诗集。所不同的一个用的是"孩儿"，一个用的是"男儿"。其实毛泽东的诗题已写得很清楚，是"改诗赠父亲"。毛泽东根据自己的情况做了改动，表达了他远大的志向，也表达了对父亲的深厚感情。记得我在给本科生讲授"社科文献学"时，出过这道问答题，所以印象很深。

在很短时间内就查到了结果，蔡先生显得很满意，一再表示谢意。在他即将离开资料室前，我脑海中突然闪出一个念头，要与蔡先生一起合个影。我自 1970 年到复旦就读，多次听过蔡先生的课，20 多年里，还不曾单独与他有过一张合影，于是冒昧提出。他一点架子都没有，欣然同意了我的请求，由此留下了珍贵的一瞬间。时过境迁，这张照片距今又过去了 20 余年，从未刊载过。此次特从书橱中找出放到这篇文章中。今天在撰写这段故事时，恰逢一年一度的清明节，借此表达对已离开我们十多年之久的蔡先生深深的思念之情。

图5 20世纪90年代，蔡尚思教授（左）爬楼梯来到复旦文科楼九楼历史学系资料室，查阅毛泽东"孩儿立志出乡关，学不成名誓不还"句的最早出处，应傅德华（右）之邀合影留念。作者提供照片

为慎重起见，蔡先生曾专门给毛泽东著作生平研究组致函，说明"传说此诗有三种小字句，是大同小异，很可能是出于宋的"。宋渊源于清末逃往日本，临行吟一绝留寄郑翘松。"郑翘松是我的老师，我也见过宋渊源，二人都比主席大了许多，可惜都早就去世了。"由此可见，此诗并非最早出自日本和西乡隆盛。

据不完全统计，自1982年蔡先生退休后，为纪念明清之际的思想家、史学家黄宗羲逝世390周年，他在《文史哲》杂志上发表第一篇论文《黄宗羲反君权思想的历史地位》始，迄至2001年上海古籍出版社为他出版《蔡尚思文集》，他在这18年内共发表学术论文近100篇，出版学术思想方面的专著10余部，真可谓硕果累累。

鉴于蔡先生退休之后，仍孜孜以求著书立说，2003 年上海市退休职工管理委员会特授予其"上海市退休职工学习标兵"的荣誉称号，2005 年蔡先生又荣获上海市第八届哲学社会科学"学术贡献奖"。这两个奖项对蔡先生来说，都是当之无愧的。

从复旦大学副校长岗位上退下来的蔡先生，虽已进入耄耋之年，但依然以"老骥伏枥，志在千里"的雄心壮志，秉持其"年龄有老学无老，健在不休死后休"的人生箴言，一如既往地为复旦大学创办世界一流大学、为复旦的荣誉添砖加瓦，为复旦的明天增光添彩。

蔡先生虽已离我们而去，但他生前在中国学术思想史研究方面所做的贡献及三大特点：一是读书最多，"竭泽而渔"，二是勇于争鸣，卓立我见，三是紧跟时代，与时俱进，还有留下的"常葆青春，永不毕业"的座右铭，将永远激励一代又一代复旦人，博学而笃志，切问而近思。

作者为复旦大学历史学系教授

周有光先生的复旦情缘

陈光磊

他，就是一个奇迹

周有光，原名周耀平，1906 年 1 月 13 日生于江苏省常州市青果巷，祖上历代为官。

1912 年，入七年制育志小学。1919 年，入江苏省立常州第五中学。1923 年中学毕业，即考入上海圣约翰大学，主修经济学，辅修语言学。1925 年，上海发生"五卅惨案"，为抗议校方干涉学潮，改入由离校爱国师生创办的光华大学。在校期间，经考试兼任校长室秘书。1927 年大学毕业，获文学学士学位。

1927 至 1933 年，任教于光华大学附中、江苏教育学院、浙江教育学院。其间，帮助孟承宪教授翻译丹麦教育家格隆维的《农村教育》。

图1 周有光（1906—2017），原名周耀平，出生于江苏常州，中国著名语言文字学家。2011年3月9日葛剑雄摄

1933年4月与张允和结婚，10月共赴日本考入京都帝国大学（现京都大学）。1935年回国，参加反日救国会（章乃器小组）。同时，任教光华大学，兼职上海江苏银行。

1938年，逃难至重庆。任经济部农本局重庆专员办事处副主任，主管四川省合作金库。1941年，任职重庆新华银行总行，1946年，由新华银行派驻美国纽约。

1949年，上海解放后回国，任复旦大学经济研究所和上海商学院（现上海财经大学）教授，在金融、经济问题研究方面颇有成果；业余从事语言文字研究，亦有著述。任上海市政协委员。

1955年10月，出席全国文字改革会议。会后进入中国文字改革委员会工作，任第一研究室（即拼音化研究）主任。他为制订《汉语拼音方案》提出了"拉丁化""音素化""口语化"三原则，使《汉语拼音方案》能够准确地拼写普通话，有效推进民族共同语的规范化。后来，他又主持完成了《汉语拼音正词法基本规则》的制订。先生对汉语拼音的制订和实施做出了巨大贡献。进入新时期，他又担任国家语言文字工作委员会委员、研究员，兼任中国社会科学院研究生院教授、语言文字应用研究所研究员。

1958 年起在北大和人大讲授汉字改革课程。1961 年出版该课讲义《汉字改革概论》，该书是系统论述"汉字改革"的开山之作，已成为国内外研究中国语文改革的必读论著。

1965 年起，担任第四、五、六届全国政协委员。1969—1972 年，下放宁夏平罗五七干校劳动。

1979 年，出席国际标准化组织的文献技术会议，他助力该组织认定汉语拼音方案为拼写汉语的国际标准。

1980 年，任翻译《不列颠百科全书》的中美联合编审委员会和顾问委员会中方三委员之一。1984 年起，任《中国大百科全书》总编辑委员会委员和《汉语大词典》学术顾问。

1988 年 12 月 31 日，离休，继续在家中做研究和撰写著述。1990 年出版《世界字母简史》。1997 年出版《世界文字发展史》（列入"中国文库"）。又出版《中国语文的时代演进》（列入"了解中国丛书"），对中国语文现代化的语言共同化、文体口语化、文字简便化、注音字母化及向信息化发展做出经典阐释。此书后由美国张立青教授译成英文，出版中英对照本，被美国多所大学列为东亚语文教学的教材。接着又出版了《比较文字学初探》《现代文化的冲击

图2 从左至右依次是罗竹风、周有光、张允和、吕叔湘、史存直、李振麟。亲属提供照片

波》《汉字和文化问题》《周有光语文论集》《周有光耄耋文存》。

2005年，出版《百岁新稿》。先生百岁后仍然思考撰述不断，又出版了《见闻随笔》《语言文字学的新探索》《学思集——周有光文化论稿》《汉语拼音·文化津梁》《朝闻道集》《拾贝集》《文化学丛谈》《孔子教拼音：语文通论》等书。先生晚年转向文化学及人类发展历史的思考和研究，提出"国际现代文化是世界各国所共创、共有、共享的共同文化，正在突飞猛进，覆盖全球"，而"把现代文化说成西方文化，是不正确的"。他不赞成西方中心主义，认为世界各大传统文化（西欧的、西亚的、南亚的和东亚的）各有其特点和流通，说明人类文化生活的国际现代性与区域传统性并行而就会成为必需；这样，"双文化"和"双语言"将成为人类生活的一种形态,而人们应当"做现代文化的主人"。年逾百岁的人瑞,在呼唤着人们心灵的飞腾!

周有光先生经历了晚清、北洋、民国政府和新中国四个时代,精通英、法、日三门外语,具有世界的眼光,在文化学术上见解独到,卓有建树。先生 111 年经世济文的多彩人生,为我们创造了生命的奇迹,更是创造了学术的奇迹——他,就是一个奇迹!

他,深有复旦情怀

周有光先生很喜欢孙女周和庆小学时说过的一句话:"爷爷搞经济学半途而废,搞语言学半路出家,两个'半'合起来只是一个零。"这是自嘲,也是谦虚。其实这两个"半"合起来绝不是"零",而正构成了他的一个学术光环。的确,周有光先生无论在经济学、金融学方面,还是在语言文字学乃至文化学方面都卓有成就。

周有光先生学术生涯中的两个半圆——经济学研究和语言学研究,都与复旦相关,都同复旦有缘。

1949 年 6 月,上海解放后周有光先生回国,由香港到上海,任新华银行秘书长,兼人民银行华东区第二业务处处长,同时又在复旦大学经济研究所任教授,同许涤新、吴大琨等经济学家共事。当时,周有光、许涤新与其他学者共 10 人合作编辑出版了《经济周报》,关注和研究新中国的经济问题,社会影响极大,仅在上海就发行了一万份。周有光先生与时任复旦大学经济研究所所长的许涤新友情深厚,早在抗战的重庆时期两人就很要好,当时经许涤新(时任周恩来秘书)介绍,周有光先生还结识了中共领导人周恩来。周恩来每月在重庆召集民主人士座谈，议论国家大事，周有光先生都在受邀之列。在复旦经济研究所，周有光先生与许涤新两位老朋友携手合作，成果甚多。当时的周有光先生勤奋钻研，发表了不少有关经济、金融问题的文章。他既了解美国的"新经济学"，又自学了马克思主义经济学，还有从事经济工作的经验，所以他能致力于理论与实际的结合，能用比较新的观点来讲述中国经济问题和世界经济问题。这样，他的讲课大受学生的欢迎；而其发表的论文也是观点新颖，引起了学界的广泛关注。1952 年，全国高校院系大调整时，他调到上海财政经济学院（现上海财经大学）任教，并兼任研究处主任。这一时期，他先后出版了三种经济学论著：《新中国的金融问题》（1949）、《资本的原始积累》（1954）、《商品生产和货币》（1956）。第三本书是他与洪文达合著的，周先生说洪文达是当时他学生中的佼佼者。洪文达后来成为复旦大学经济学方面的名师名学者。

1952 年，周有光先生出版了《中国拼音文字研究》一书，这是他的第一部语文论著。本来，探究语言文字一直是他的业余爱好。这部论著里的许多篇章就是他在复旦研究经济时业余写作的。他青年时代，就对拉丁化新文字运动感兴趣，并有所参与。新中国成立后，上海的拉丁化新文字运动恢复展开，在倪海曙主持下先后出版了《新文字周刊》、《新文字半月刊》和《语文知识》等刊物。周有光先生就给这些刊物写稿，论说拉丁化新文字的种种问题，提出各种方言拉丁化新文字应当从分散到集中，形成共同化方案的建议。这种看法得到很多人的关注，尤其得到了两位复旦人的赞赏：一位是倪海曙，他早年弃医从文就读于复旦，此时又在复旦开文字改革课程；一位是复旦老校长陈望道先生。两位先生建议他把这些论文

图3　前排从左至右依次为吴文祺、陈望道、汤珍珠，后排从左至右依次为倪海曙、胡裕树、周有光、方仁麒。亲属提供照片

结集刊印，方便大家作为学习和研究的参考。陈望道先生还为他这本书作了序，他在序言中说："周有光同志对于拼音文字的研究用力很久，方面也广，解放以来，尤其努力……他的论文于展开全局研究很有贡献，无论是他个人的创见，或是大家共同的意见，都可引人作扩大深入的考虑……使文字改革的研究，从此推进一步，从此提高一步。"这本书的出版，可以说是周有光先生从经济学向语

言文字学"改行"的前奏。

周有光先生对于陈望道先生常怀崇敬之情。他说:"望道先生是我的师辈,他是我最为敬重的老师之一。"的确,他跟陈望道先生很谈得来,因为两人在很多方面观点相同:第一,都追求进步,包括社会进步、国家进步。尽管可能有时候略显偏激,但这种追求是非常真诚的。第二,都主张独立思考,不赞成盲目地跟在别人后面喊口号,对当时运动的一些做法,私下都认为有不合理的地方(当然是不便公开讲的)。第三,对中国语文改革,都认为汉语拼音应当采用拉丁字母。当时许多人主张采用民族形式的汉字笔画式字母,还有人主张用俄文的斯拉夫字母,这是他们都不同意的。历史证明,汉语拼音采用拉丁字母是成功的。

可以说,正是追求进步、思想自由的这种理念,使周有光先生和陈望道先生结下了深厚的友谊。1955 年 10 月,周有光先生参加第一次全国文字改革会议后,当时的中国文字改革委员会要留他做文改工作。这就是要他改行。他请陈望道先生指点,望道先生积极鼓励他改行,致力于语文革新事业。同时,陈望道在 1955 年底组建复旦大学"语法、修辞、逻辑研究室"(后命名为复旦大学语言研究室)时,还聘请当时已调往北京中国文字改革委员会工作的周有光先生任兼职研究员,经常与他讨论文改问题;后来还多次请他到复旦讲学,周有光先生以渊博的知识和风趣的语言讲述中国语文改革中的一些新课题,为复旦学子送来了丰富的学术营养。

周有光先生对我这个复旦学子也是赐教良多。1960 年,他来复旦讲学,我当时是大学三年级学生,初见先生,满怀敬佩。而拜识先生,则是 1976 年秋在陈望道先生的病房里。当时,望道先生暮岁

图 4 陈光磊与周有光先生的合影。作者提供照片

久病住华东医院，我陪侍在侧。周先生由京来沪看望望道先生。他们两位亲切交谈，我从谈话中得知他已年届古稀。周先生告辞，望道师命我"送送周先生"。我一直陪他至公交车站并送他上车。在送行的路上，他一直同我交谈，我深感先生的和蔼可亲和智者风范。至 20 世纪 80 年代，我多次在学术会议上与先生相叙，向他请教。后来，我每到北京，就到他府上拜访，先生对我是百科话题无所不谈，有问必答。记得有次先生谈话中对我说，厚古薄今和厚今薄古，都可能会有片面性和狭隘性，最好是厚今不薄古，做到古为今用，与时俱进，有所创新，使我深受教益。所以，对我来说，每次谈话都是一堂课。每次先生的论著出版，也常赐我学习。先生的论著、

图5 1979 年 4 月，国际标准化组织召开华沙会议。周有光先生作为中国代表，提议采用"汉语拼音方案"作为拼写汉语的国际标准。亲属提供照片

先生的谈话，都是我最喜爱的精神食粮。

在改革开放的新时期，特别是进入新世纪之际，复旦大学语言文字工作委员会于 1997 年 12 月主办了一份小报《雅言》，该报由青年师生编辑，专门讨论语言文字问题。周先生在看到创刊号后，主动给《雅言》写来一篇《双向的文化桥梁——纪念〈汉语拼音方案〉公布 40 周年》的文章，论说汉语拼音文化的意义和文化价值。大学者给小报写稿，这让编者们很受鼓舞。2009 年初，我介绍《雅言》主编潘佳同学采访先生，他对潘佳同学也是关爱有加。当年 4 月，《雅言》刊出《访百岁老人周有光先生》，发表先生口述对语文问题的见解。他还热情为这张小报题词两次：一为"《雅言》留念 语

言使人类别于禽兽，文字使文明别于野兽，教育使先进别于落后"（2009 年 11 月 4 日）；再是为《雅言》出版 80 期所题："要从世界看国家，不要从国家看世界"（2011 年 9 月 17 日）。先生对《雅言》小报的这种关心体现着他对复旦学子的爱。令我感动的是，他还给由我主编、复旦出版的《修辞学习》（今《当代修辞学》）杂志投来一篇讲述新老八股文的稿子。这也正表达了他老人家关心复旦校园文化、关心师生语言生活的真挚之情。

周先生对复旦和老校长陈望道的情谊，可以说是历久弥笃。1991 年，陈望道先生百岁诞辰纪念，周有光先生与叶籁士、王均联名发表纪念文章《一生站在进步思潮的最前线》，阐述望道先生在现代中国新思潮和语文革新中的先驱作用和历史贡献，特别是他"跟倒退逆流作不妥协的斗争"的精神。

2005 年，上海鲁迅纪念馆编辑《陈望道先生纪念集》，周有光先生应约撰写了《陈望道先生二三事》一文，他说："陈望道先生是我的指路明灯。他指导我开辟了后半生的一条新路。"又说："陈先生研究文法。我读他的书，有时看到他的手稿。我注意到他研究文法有一个特点：尽多旁征博引，决不人云亦云。……我当时对文法也有兴趣，可是受英文纳氏文法的束缚，不敢逾越雷池。看了陈先生的研究方法之后，我决心改变我的方法，向他学习。后来我研究比较文字学，十分重视方法问题。采用外国资料，参考外国成果，但是绝不被外国框框所束缚。一定要根据实际，建立客观和逻辑的学术体系。陈先生的治学方法给我终身受用。"同时，他又为望道先生 115 周年诞辰热情题了词，称望道先生是"革新中国语文的探路人"，是"时代波涛里的中流砥柱"，是"青年人的人格模范"。

2011年，浙江编辑出版《陈望道全集》，先生欣然受聘任学术顾问。为纪念陈望道先生120周年诞辰，他以106岁高龄亲笔题词曰："陈望道先生是我的恩师，他指引我走上语言文字学的研究之路。陈先生的光辉将永远点亮中国的青年。"字里行间透露出岁逾百龄的智者的热忱。

在复旦纪念百年校庆的日子里，周有光欣然秉笔题词：

祝复旦百年校庆　日月光华旦复旦兮

周有光

2005.7.22

时年100岁

先生情系复旦，复旦感念先生。

有光先生，一生有光。百岁星辰，辉耀上庠。

作者为复旦大学教授、陈望道先生研究生（1962级）

76

谈家桢和复旦大学生命科学学院

谈向东　谈佳明

谈家桢从事遗传学研究和教学七十余年，发表了 100 余篇学术论文，曾赴美留学，师从现代遗传学奠基人摩尔根及其助手杜布赞斯基，学成后毅然归国，实现发展中国的遗传学事业的大志。他的教学和学术研究主要围绕遗传学研究，尤其在果蝇种群间的演变和异色瓢虫色斑遗传变异研究领域有开拓性成就，为奠定现代进化综合理论提供了重要论据。他发现瓢虫色斑遗传的"镶嵌显性现象"，引起国际遗传学界的巨大反响，被认为是经典遗传学发展的一大贡献。20 世纪 50 年代，他在复旦大学建立了中国第一个遗传学专业、第一个遗传学研究所和第一个生命科学学院，并将"基因"一词带入中文，被誉为"中国的摩尔根"，是我国现代遗传学奠基人之一。

1952 年，教育部根据"以培养工业建设人才和师资为重点，发展专门学院，整顿和加强综合性大学"的方针，以华东、华南和中南

图 1 谈家桢（1909—2008），浙江宁波人，国际遗传学家、中国现代遗传学奠基人之一。中国科学院院士、复旦大学生命科学学院教授。复旦大学档案馆提供照片

为重点，进行全国高等院校院系调整工作，并确定华东地区的复旦大学、南京大学和山东大学为综合性大学。在这次全国院系调整的大环境下，谈家桢从浙江大学调到复旦大学生物系担任主任，开启了后半生的复旦大学之旅。他先后担任了复旦大学生物系系主任、遗传所所长、副校长、生命科学学院院长和校长顾问等职务，一路陪伴着复旦大学将原有的生物系发展成生命科学学院，乃至国内一流的生物学学科基地。

谈先生对于复旦大学生物系学科的发展和完善起到了举足轻重的作用。院系调整后，谈家桢、盛祖嘉、刘祖洞等知名教授的加入，给当时的复旦大学生物系注入了一针强心剂。谈先生出任复旦大学生物系系主任后，全身心投入生物系的学科建设中去，经过几年艰苦卓绝的努力，复旦大学生物系于1957年成立全国第一个遗传学专业，1958年又成立了生物化学专业和生物物理专业。至此，生物系共有九个专业，分别为动物学、人体及动物生理学、植物学、植物生理学、微生物学、遗传学、人类学、生物化学和生物物理学，俨然成为全国同类高校中专业齐全、教学实力雄厚的一支队伍。而后在20世纪80年代，谈先生认为中国遗传学要赶上国际水平，需在人才培养上进行改革，因此复旦大学生物系进

行了一系列重大改革，原先的九个专业改为遗传学和遗传工程系、生物化学与分子生物学系、生理学和生物物理学系、微生物学和微生物工程系及环境与资源生物学系五个系，更好地完善了学生结构，拓宽了人才的成长空间。

　　一直以来，摩尔根遗传学在中国的传播，都受到了米丘林遗传学的抑制，直至1956年毛泽东主席提出"百花齐放，百家争鸣"的基本方针，摩尔根遗传学才开始蓬勃发展。谈先生在经历了青岛遗传学座谈会后，向复旦大学有关领导和部门提出了自己对发展遗传学的设想，率先成立了遗传学研究室。遗传学研究室人员虽然不多，但点燃了复旦摩尔根遗传学的星星之火。随后，在与苏联科研专家合作研究猕猴辐射遗传问题后，谈先生又将目光投到辐射遗传学，

图2　我国遗传史上第一批本科毕业生，前排中为谈家桢。复旦大学档案馆提供照片

　　图3 20世纪60年代，复旦大学校领导合影，前排左起依次为党委副书记陈传纲、校长陈望道；二排右起依次为副校长谈家桢、总务长金则人、副校长苏步青、教务长严志弦。复旦大学档案馆提供照片

开始系统地进行辐射遗传研究。1961年以遗传学教研室为基础，复旦大学组建了中国第一个以国际学术界公认的遗传学原理为指导的遗传学研究所，谈先生担任所长。辐射遗传被列为重点研究项目，并在所内设立了辐射遗传研究室。在短短几年内，中国的猕猴辐射研究，就具有了国际领先水平，无论在课题范围还是研究方法和手段上，都取得了极大的进展，有了可观的研究成果，为中国制订的和平利用原子能计划提供了有力的科学论据。直至1966年"文革"前夕，复旦大学遗传学研究所共发表科学研究论文50余篇，出版专著和讨论集16部，此外，还陆续为国家培养了一大批遗传学专业的教学和科研人员，他们逐渐成长为中国工、农、医、林、牧、渔等各个领域科研和教学的骨干力量。之后，复旦大学遗传学研究所更是与遗传工程国家重点实验室与遗传学和遗传工程系以及生物技术中心相互依托、密切配合，成为全国遗传学重点学科。1997年遗传学学科在教育部"211工程"一期建设中被评为重点学科建设项目。2002年遗传学学科在教育部"211工程"二期建设中被评为重点学科。2007年遗传学学科在教育部"211工程"三期建设中被评为重点学科。"211工程"和"985工程"建设建立了多个技术平台，推动了遗传学学科大发展，加速了遗传学跨入一个新的台阶，进入国际学术舞台。

20世纪80年代，随着数学、物理学和化学的加盟，生物学研究正变得愈发璀璨夺目，人类对生命现象的研究，正进入一个前所未有的辉煌时期。1984年，复旦大学遗传工程国家重点实验室经国家计委批准宣告成立，这是我国首批建立的10个国家级重点实验室之一，1985年即开始运转，并向国内外开放，1987年通过国家验收，

图 4 20 世纪 80 年代，谈家桢（左二）与宗有恒副校长（右一）一起主持生命科学学院的教学研讨会。复旦大学档案馆提供照片

谈先生任学术委员会顾问。这背后是谈先生几年在各地的来回奔走，呕心沥血，亲力亲为。遗传工程国家重点实验室是在复旦大学遗传学研究所的基础上发展而成的研究实体。实验室人才济济，在国内遗传学界享有盛誉。随后谈先生多方奔走，通过两年多的基础筹备，1986 年复旦大学正式成立生命科学学院，谈先生出任院长。复旦大学生命科学学院由五系、一所（遗传学研究所）、一室（遗传工程国家重点开放实验室）构成，三个组织结构相互平行。至此，生命科学学院基本框架搭建完成。在"粮草兵马齐备"的条件下，谈先生不失时机地利用复旦大学生命科学学院的人才优势和知识资源，多渠道联系国际合作性项目，吸收国外的科研经费，推动中国教育和科研的进步。与此同时，谈先生又多方利用出国访问、会晤旧识、广交新知的机会，积极推荐国内人才到欧美国家和日本进行学习进

修，获取最新的知识、技术和信息。仅复旦大学遗传学研究所一处，经他联系和推荐出国学习进修的人员就达90%以上，上述学者陆续归国以后，在科研和教学上发挥了极为重要的作用。

谈先生一贯重视培养学生，"我这一生没有金钱，财富就是学生"是他对自己六十多年教育生涯的总结。在生命科学学院里，他培养学生主要抓三点：基础知识、基础理论和基本实验技术。他还形象地用了一个比喻：专业课程设置犹如做"奶油蛋糕"，蛋糕是"三基"，要厚实，奶油是专业，要精美，但不要太花哨，更不要喧宾夺主。只有把基础打扎实了，才能在今后的科研和学习中，洞穿问题的本质，才能具有较强的适应力和独立工作能力。在对研究生的培养上，他也把"三基"的培养放在第一位，认为这样才能在学习和研究中做到事半功倍。他反对传统的制式教育，提倡摩尔根培养学生"教而不包"的方法，主张调动学生的主观能动性。他尊重学生，鼓励他们独立思考，自由发展，认为只有这样才能发挥学生的创新性和积极性。只要学生有兴趣，并有理由从事另外一项研究课题，他总是给予积极的引导和支持。学生遇到问题时，他总是与其共同探讨，加以启发，弄清问题的症结所在。与此同时，他频繁出访各个国家，推进中国和国际的交流和合作，还时常邀请海外的著名学者如美国的朱孝颖教授、孔宪铎教授、阿耶拉教授、葛兰德教授，瑞士的凯罗斯教授，日本的草薙教授、北川教授等来复旦大学开设讲座。得益于谈先生奠定的坚实基础，生命科学学院在成立后以人才培养为己任，至今已为国家培养了近万名学子，遍布全球。早期毕业的童第周、冯德培、陈世骧成为新中国第一代学部委员，1949年以后培养的学生中有14位两院院士和2位美国科学院院士，越来

图5 1994年，谈家桢（右二）指导卢大儒博士（左二）进行医学遗传研究。复旦大学档案馆提供照片

越多的学子成长为学界、商界和政界的栋梁，为社会进步做出了重要贡献。毕业的校友们秉承"博学而笃志，切问而近思"的复旦校训，在各自领域内自强不息、顽强拼搏。

曾经，谈先生怀揣着发展中国的遗传学事业的美好愿望，深深扎根在复旦这片土地上，一点点建造起生命科学学院，他的乐观进取、笃实苦干的精神，"教而不包"的教学理念，强烈的民族自尊心、历史使命感和社会责任感都融入了这里的一砖一瓦、一草一木，影响着一代代莘莘学子。生命虽逝，福泽后人，愿他的精神如浩瀚宇宙中的那颗编号3542的"谈家桢星"那样，星耀千古。

作者谈向东为谈家桢先生长孙、上海白玉兰谈家桢生命科学发展基金会理事长，谈佳明为苏州大学学生

卢鹤绂的多彩人生

——父亲生活中的几个小故事

卢永亮

学开汽车——理论和实践相结合的典范

我祖父卢景贵于 1913 年去美国伊利诺伊大学留学，1918 年奉召回国，因受张作霖大帅的器重，任四洮铁路局局长，后兼任东三省交通委员会路政主任委员，全家从四平搬回沈阳，在沈阳六纬路自行设计、督工建造了一栋三层楼房住宅，全家迁入。

1925 年，祖父购置一辆雪佛兰小轿车，并雇了一名四十开外的司机。看到祖父整天坐着轿车在沈阳大街飞驰，好不威风，父亲很羡慕，手也痒痒的，好奇驱使他到书店用零花钱买了一本《汽车学》，放学回家就捧着这本几十万字的《汽车学》看了起来。几个月后，父亲就把汽车的原理和构造了解得一清二楚，大小零件也心中有数，学懂了驾车原理，在书本上就学会了开车。一天他看到汽车停在自

图1 卢鹤绂（1914—1997），字合夫，祖籍山东掖县（今山东省莱州市），出生于辽宁沈阳。中国科学院院士、复旦大学物理系教授、著名核物理学家，被誉为中国核能之父。作者提供照片

家的园子里，司机也不在，钥匙在车上，他就偷偷地钻进驾驶室，把车子发动起来，想把汽车掉过头来。由于没有掌握离合器的性能以及油门的配合，正当倒车的时候，油门踩重，离合器又放快了，汽车突然向后窜起，一阵惊慌，父亲急中生智地踩了刹车，汽车后保险杠碰到墙上，险些把邻居的墙撞倒，总算安然无恙。这惊险一幕恰被司机看在眼里，司机告诉他这东西不能快，要慢慢地踩油门，慢慢地抬离合器才行。从这一次初始的尝试后，父亲深深体会到把握离合器的力度大有讲究，而这一切必须凭实践经验，书本上是无法描述的。从此以后，父亲便无师自通地学会了开车。年仅12岁的他开着汽车在马路上飞跑，心情异常激动，心中好不愉快。不过有一次他也碰到了麻烦，那是在沈阳的一个冬天的早晨，冰雪在融化，路上十分湿滑，车速过快，转弯的时候，车子在原地打滑，转了几个圈子，由于他当时比较镇定，路上刚巧也没有什么人，所以他没有闯祸。吃一堑长一智，从此以后，他就再也不敢在冰雪的道路上开快车了。这故事发生在20世纪20年代的沈阳，是在这样特定的时间环境中，在现代社会中未成年人是不能开

车上路的。1936年父亲远渡重洋去美国深造的时候，开小车自然就驾轻就熟了，这给他在异国他乡的学习、生活带来了极大的方便。学开汽车使父亲悟出了一个道理，用他自己的话来说，从那个时候起就养成了认真读书的习惯，并且注意把书本的知识运用到实践中去，终于尝到了自学的甜头。

闯关——不畏险恶

父亲在美国明尼苏达大学5年，美国人对他这个科学工作者相当尊敬，但多对战争时期何以不被祖国征用而不解。父亲则答以已奉召于得到博士学位后回国出力报效。事实上，先回国的化学系同学潘友斋已将父亲的成就介绍给国立中山大学，其校长张云签发的教授聘书在他还未完成博士论文时即已寄到，父亲决定回国。

1941年8月24日，父亲与当时在拉柴斯特梅友诊院圣玛丽医院进修的我的母亲吴润辉在明城的美以美会教堂结婚。美国朋友，严恩枢、蒋彦士、陈善铭诸多同学在场，介绍人是邱少陵大夫。

婚后，父母亲辞别美国朋友，于26日夜间离开长住5年的明城，于29日晨到达旧金山。9月3日搭上了驶往马尼拉的最后一艘荷兰客货轮"克利普方顿"号离开美国。到马尼拉后转乘另一艘荷兰船"姐姐郎卡"号于10月5日到达香港。在香港的朋友处住了几个星期，购买了10月31日晚飞广东北部南雄的机票。从美国回来时，两人带了几箱衣物、日用品和书籍。当时乘飞机规定每人只能带20公斤的行李，这让父亲为难，他所带的书籍和资料就不止20公斤。怎么办？他灵机一动，把在美国穿的大衣拿出来，在大衣的内衬上

图 2　卢鹤绂在美国明尼苏达大学求学时留影。作者提供
照片

　　缝了一排排插袋，把一箱书全部插在大衣的内衬里。他说人有瘦有
胖，我这样穿在身上不过是一个胖子而已。

　　10 月 31 日晚他们去了机场，当时是战争时期，机场安检非常严
格，一个一个开包检查，当检查到父亲时，当值的士兵和海关关员
就感到这个人很奇怪，10 月份的香港，天气并不冷，何以穿着大衣？

再摸摸大衣，发现手感硬硬的，把大衣拉开一看，是一排排的书，士兵惊愕了。当时大家都在走私值钱的东西或食品和日用品，哪有带书籍的？这一定是个有抱负的知识分子。我父亲的举动深深地感动了这个士兵，立即将他放行。当晚到达广东北部的南雄，因为父亲持有中山大学教授聘书，海关关员对他很客气，并未检查。次晨转乘汽车由公路西行到韶关，再乘火车北行，于11月2日到达广东北部的坪石，即中山大学校本部所在地。从此这些书籍和资料就成为父亲在科学、教育上的助手，一生陪伴着他。

1943年应广西大学校长高阳聘请，父亲担任物理系教授。于2月19日到达桂林，后到达广西大学所在地良丰墟。日本飞机常来轰炸，我空军即起飞截击。不久日军侵占桂林，父亲随校再次内迁至柳州，小住一月有余。后又携眷沿融江北上，在桂黔交界处福禄镇遇大水受阻数日，又路遇土匪。当地土匪凶残无比，先杀人后抢货。父亲说宁死于匪穴，而不辱于日寇。他自告奋勇与一位体育教师一同上山见土匪头子王松林，这叫"拜山"。因父亲自幼精通京剧，熟知绿林好汉之间的规矩。在匪穴里，他大义凛然，诉说日军侵略中国，迫使学校一再内迁，自己如何从美国归来，与国人同甘苦，共患难，报效祖国。匪首王松林听后很感动，当场宴请父亲，并发给多面三角令旗，让他悬挂在船头，各地土匪见之纷纷避让，秋毫无犯，船行月余，一路畅通，安全到达苗民文都榕江城。2004年在父亲九十诞辰纪念日，我们夫妇率队前往广西、贵州，重走父亲的逃难之路，在三江县富禄乡高安村见到了匪首王松林的小儿子王丙辉，感谢他父亲当年放行之恩。

京剧——平生最爱

父亲说过：繁忙紧张的工作之余，吟唱京剧，心情特别轻松愉快，不啻是种"醒脑剂"！任何一个成功人士都需要艺术的熏陶，因为艺术能给人创造力与梦想的空间。一个人不一定是艺术家，但应该拥有艺术家的感觉，以提升心灵的层次，保持一颗仁慈的爱心。物理学家的脑子比较单纯，没法与音乐家、艺术家的复杂脑子相比较，但是艺术可以促进物理学的研究，还能提神醒脑。另外，京剧是中华文化的瑰宝，传统京剧蕴含着人生哲学，它宣传的忠孝节义、礼义廉耻，这些并非都是封建糟粕，我们绝对没有必要全部抛弃，因为它对社会起着安定稳固的作用。现在许多年轻人不喜欢京剧，父亲衷心希望大力推广扶持京剧，让"国粹"艺术在青年中扎根，重振京剧的艺术雄风。父亲钟爱京剧，重视发扬中国传统文化，重视仁义礼智信等道德观念。循此而身体力行，父亲的道德修养口碑极好。为了保护和宣传国粹，为了社会安定团结，为了教育青年，父亲身体力行，是下了大功夫的。

父亲嗜爱京剧，但没有拜师学艺，他入门可以说是无师自通的。他的唱功、演技完全是听来的，看会的。我的爷爷20世纪20年代在张作霖手下任四洮铁路局局长，当时的铁路系统是半军事化的，每逢周末，铁路局都要组织职工观摩京剧表演，以丰富职工的业余生活。当时只有七八岁的父亲就在台前、台后转，学着哼，就这样逐渐掌握了京剧的要领。父亲是唱谭派老生的，特别推崇和崇拜京剧表演艺术家谭富英先生。他收集了比较完整的谭富英先生的表演

图3 卢鹤绂一生酷爱京剧，图为1938年扮演《四郎探母》中杨延昭的剧照。作者提供照片

资料。在北京读大学时，只要有谭富英的戏，他必定会去戏院看，已经到了痴迷的程度。他曾经演过《四郎探母》（全本）、《群英会》、《打渔杀家》、《空城计》、《琼林宴》、《大登殿》等，而且不用准备，可以登台即兴演出40多个谭派京剧剧目，其中包括《家坡》《御碑亭》《大保国》《三娘教子》等。

20世纪30年代，父亲大学毕业后赴美深造，远离祖国，远离亲人，他常常情不自禁地吟唱起心爱的京剧，借以抒发对祖国和亲

图 4 卢鹤绂 20 世纪 60 年代在复旦大学第 9 宿舍 16 号书房中工作。作者提供照片

人的思念之情。京剧成了他的思乡曲。

1941 年回国后，他被聘为中山大学教授，第一站在广东坪石度过，那时中山大学为避乱而内迁粤北山区，他住在一个小地主家，过着极其艰苦的生活。同事说他是从天上到地下，但父亲没有任何怨言，没有后悔，每天背着褓褓中婴儿，手拿斧头，一边劈柴，一边哼着京剧小调。在教书的祠堂里，父亲把讲台当作舞台，两个门一个当作上场门，一个当作下场门，拿着教鞭，在舞台上踏着方步唱起京剧。京剧陪伴他度过了艰难的生活。

1944 年，父亲应广西大学邀请在榕江县的广场上为教职工及乡亲们演出京剧。

1945年夏秋应湄潭各界邀请，参加黄河赈灾京剧义演，演出全本《四郎探母》。剧中他能自如地表演抢背动作，这对一般专业演员来说也是高难度的动作，获得台下一片叫好声。他说这是用京剧艺术为国做贡献。

　　新中国成立后，他又在浙江大学、北京大学、复旦大学的各种联欢活动中登台献演。他甚至在课堂上、在教学的片刻休息中，也会哼起京剧，活跃教学气氛。"文化大革命"中，他仍然在家中唱起京剧。在这样难受的日子里，父亲是何等乐观，何等豪放！

　　在20世纪70年代初，父亲在上海原子核研究所获得平反，在平反大会上，应全体员工的要求最后一次登台演出。当时演出的是

图5　1994年6月7日，复旦大学庆祝卢鹤绂教授执教六十周年暨八十寿辰。复旦大学档案馆提供照片

革命样板戏《沙家浜》，他出演郭建光，用谭派老调演出，得到观众的一片叫好声，观众们说已经好久没有听到过有真正京剧味的京剧了！

父亲曾经不止一次对我们说，当初如果不选择科学这条道路，而选择做一个京剧艺术家，他同样可以被评为一级演员。其实父亲在各个方面都是了不起的，都始终贯彻着同样执着、追求完美的精神。京剧对于父亲，可以说是一种激活剂，使他的物理思想活跃起来，使他的优秀品德升华到极致。父亲的物理思想自成体系，为人口碑极好。父亲的修养达到了仁恕境界，可以说真（学术）、善（道德）、美（艺术）在父亲身上得到了高度完美的统一。这一点在中国科学界或许不多见，在世界上也是罕见的吧。

作者为卢鹤绂次子

感天动地夫妻情

——记贾植芳先生和任敏师母

陈思和

1997年10月8日，普通的一天，中午当我走进先生家的时候，看见任敏师母独自坐在饭厅的一张靠背椅子上，一脸的疲倦，颜色灰黄，五官有点模糊不清。我像往常一样匆匆打个招呼就进去看望先生，后来回想起来，当时真有一丝不祥的预感掠过心头，但我轻易放过了。我照例在先生家吃午饭，围桌而坐的就是先生、师母和我，还有两位青年朋友。饭桌上我问起先生的健康状况，先生还朗声笑着说："我最近胃口不好，任敏倒是身体不错，东西也吃得多一些了。"师母在一边笑笑，也没有表示特别的赞同，近几年师母有一种反应迟钝的症状，说话不多，不过那天她吃得特别少，一会儿就放下了筷子。饭后，我与先生先离开饭桌，师母似乎站不起来，用手掌在桌面上支撑了一下，有点吃力的样子。第二次不祥的预感在瞬间滑过我的心头。

图1　贾植芳（1916—2008），复旦大学中文系教授、博士生导师，担任过校务委员、校学术委员会委员、校图书馆馆长。胡昌群摄

大约半个小时左右，我们在客厅里聊天，先生从房间里出来说，师母有些头痛，我们连忙走进去，看见师母趴在床边的书桌上，浑身颤抖，嘴角流着口水。我们立刻叫来了救护车，把师母送进第一人民医院。医生马上诊断病人是中风。

医生的第一次抢救很顺利。半个月以后师母出院了，那天我正出差在外，中午还特地打电话过去询问，说情况很好。可是谁也没有想到，病人回家只有一顿饭的工夫，又糊涂过去了。接着就是第二次送进医院，师母再也没有清醒过。

半年过去了，师母的病日重一日，不仅完全没有知觉，而且因为肺部感染而整日发出凄惨的长啸，医院的走廊里布满了不安的声音，你只要踏出电梯，啸声就扑面而来，仿佛是命运之门被嘀嘀地敲响。师母住的病房是重症病房，每一次有病人走了，都会引起人们的不安联想。医生也不止一次地暗示病人家属，应该充分意识到情况的严重性。当时我和我的妻子，还有我的学生们，都日夜在医院里轮流照顾病人，对于师母的严重状况早有了准备，唯一使我们担心的是先生，谁都知道这对老夫妇是如何相依为命从苦难中走过来的，走到此时此刻，先生已经82岁，他会怎样面对命运的无情？我们一次次话到嘴边都被先生挡了回去。他每天在家里等待着师母康复的消息，遇到人，第一句话就问：老太太好点吗？他毫无医学知识和病情观念，只听得进别人安慰他的话，却听不进一句危险的警告。当别人告诉他病人很危险很危险时，他总是摇摇头，说，会好的，你们要当心。于是，别人本来想说的话都咽回去了。

师母除了脑中风，又感染了肺炎，大量的痰涌在喉头，呼吸极为困难，进食完全是靠输液和鼻饲，身上插了许多管子，医生司空见惯，但旁人看了都心惊胆战。每天用药五百多元，钱到领药，旁观者都啧啧叹息，不知是可怜病人还是惋惜那水样流出去的钱。我知道师母当年因先生一案所累，西迁青海任教员，退休回上海后，当地教育局连退休薪金也数年不寄来，遑论医药保险。先生已经退休，微薄的收入仅够日常开销，哪里经得起如此折腾？旁边的好心人突然多了起来，当然不是捐款，而是闲言碎语：人到如此，何必再花冤枉钱？这样的意思，甚至在医务人员的私下谈话里也有所流露。这种时候，只要有一丝一毫动摇，治疗就很难坚持下去。在这个世界上有多少条人命是被认为不值得用更多的钱去换的。但唯有先生，他丝毫也不动摇。家里所有的积蓄都用上了，正好某出版社雪中送炭地汇来一笔稿费，大约有万把元，他看也不看就交到学生手里，说赶快送到医院去。他还亲自找到治疗的医生，动感情地说："我和任敏，来上海时手里只有几个铜板，一卷铺盖，现在是有一个像样子的家了，我大不了再拿几个铜板回老家去住。"这是贾先生的真心话，我想，先生从来就不是一个说空话的人，他心里早就做好了回老家的打算，才这么豁出去了。

终于有一天，师母高烧不退，时有抽搐，医生已经发出了危险的警告，意思是过不了今夜了，快让病人家属再来看一眼吧。我有点慌，也有点紧张，连忙安排学生去把先生接到医院来。先生来了，他一手拄着拐棍，一手紧紧握着师母的手，大声叫着：任敏！任敏！他看着毫无反应的师母的脸，认真地说："任敏啊，以前别人整我们，我们没有办法，现在好了，我们一定不能被自己打倒！你要好起来。"真奇怪啊，从住院以来一直没有什么反应的病中师母突然泪似喷泉，流得满面都是。而且，这一夜竟然扛过来了。第二天清晨，我赶去医院，见病房门口全是人，心里暗暗叫不好，可是跑过去一看，是另一张床上的老人悄悄离世，师母安然渡过难关了。

有一次只有我和先生相对而坐的时候，我忍不住劝先生想开一些，我自作聪明地举了陈从周先生的例子。当年从周先生葬亡妻归来，先生曾去吊唁，从周先生对先生说，此刻的感觉与"文革"中从干校回家一样，一身轻松了。先生听出了我的意思，他徐徐而言："人总是会走这条路的，我当然知道。不过能治就一定要治，尽可能抢救，我怕我一松劲，大家就不尽心了。"原来先生心里完全明白啊。我近日常常想起中国有一句古话，叫一寸光阴一寸金，那是教人勉学的意思，但我真实地感觉到另一重意思：人的生命，也是这

图 2 1980 年，贾植芳夫妇（左二、左三）与王戎（左一）、耿庸（右一）、梅志（右二）在复旦第 6 宿舍合影。作者提供照片

样一寸寸地买回来的，而这买生命的"金"，不仅是金钱的金，它还是唯人所有的像金子一样的心，黄金的心。

先生面对任敏师母的病，一定想过很多很多。如果说世上真有所谓的患难夫妻，那么他们就是一个绝配的例子。抗战初期，在日本攻读社会学的先生放弃学业回国参加抗战，一度流落西安古城，因为懂日语，被一个驻扎在黄河边上的国民党工兵部队招去翻译日文技术材料，师母正在西安商业专科学校会计系念书，因喜读文艺杂志《七月》，进而被人介绍认识了在《七月》上经常发表创作的先生。他们因爱而结合，而同居在黄河边上。他们没有办过任何社会法律认可的婚姻登记，也没有双方家庭的财富和对方的地位做保证，师母只说了一句话，说她这人苦吃得起，就是气受不得，所以生活在一起，吃苦不怕，只要不受气就行。先生说他一辈子都遵守这个承诺，可是他没有想到，她以后跟着他吃的苦竟是那么多。他们新婚不久，军队里有人怀疑这个浪漫青年加入军队别有企图，怀疑他是共产党派来的，要秘密逮捕他。幸好有人通风报信，于是先生带着师母黲夜逃亡。先生晚年所著的回忆录《狱里狱外》一书里，记载着这么一个细节：

> 那一夜天特别黑，真是伸手不见五指，我们不敢走大路，就翻山逃命。一路都是荒山巨石，我走在前面，慢慢地往前摸，爬过一块大石，就轻轻喊任敏，她沿着声音走过来。就这样整整逃了一夜，才脱了危险。

我想，有过这样经历的人是很难忘怀的，先生那低沉的"任敏、任敏"的叫唤声，一定伴随了师母坎坷的一生。就是为了这一声，吃得起苦的师母付出了极大的代价——1955年先生因胡风案牵连入狱，师母也跟着被捕审查，接着发配青海，第二次被捕入狱，整整几年都挣扎在饥饿线上。直到"三年自然灾害"时期，监狱里的犯人都饿死得差不多了，师母才被释放出来，当时她的生活道路可以有多种选择，但师母毫不犹豫地选择回先生的山西老家，与姑翁生活在一起，代替狱中丈夫尽孝道，为两个老人送终。所以，那昏沉沉游荡在阴阳界的师母之魂，分明是听到了先生的叫唤，她又返回

图3 1983 年 4 月，贾植芳、任敏夫妇摄于上海复旦大学第 6 宿舍 51 号寓所。作者提供照片

来了呀！

《狱里狱外》还有一段记载：

关于任敏这许多年受的委屈和苦难，我关在监狱里一点也不知道，只是凭经验猜想她到青海会凶多吉少。一九六三年十月，我突然收到了一个包裹，包裹的布是家乡织的土布，里面只有一双黑面圆口的布鞋，鞋里放着四颗红枣，四颗核桃，是

我们家乡求吉利的习俗。虽然一个字也没有，但我心里明白，任敏还活着，她已经回到我的家乡了。这件事使我在监狱里激动了很久很久。

这些枣子和核桃的意象，也一定是伴随了先生坎坷的后半生。当师母病倒以后，先生特地找出珍藏多年的书信和日记，精心挑选出他与师母在"文革"后期到平反前后的通信，以及"文革"后等待平反期间的日记，编成厚厚的一本《解冻时节》出版。出版社把校样寄来时，先生亲自拿到医院，对着昏迷不醒的师母不停地说，看吧，你写的信，你写的文章，我们都保留下来了……师母又一次泪流满面。

就这样，当钱花到无钱可花、药用到无药可用、梦做到无梦可做的时候，任敏师母奇迹般地闯过了生死大关，回到了自己的家里。她依然是昏睡不醒，但能够吃东西，能够被搀扶着走下地来。她回到了先生的身边，安心地昏睡着，到现在已经是第三个年头了。

这下子忙坏了高龄的贾先生，他请来了内侄女管理他的家，又请了保姆专门负责照料病人。他听说病人每天要吃四种水果：苹果、香蕉、橘子和猕猴桃，对身体有好处，就亲自去买来，亲自监督师母吃下去，再加上按家乡风俗煮成的小米、大枣、核桃、麦片等各种食物放在一起的粥，每天不断地喂养着病人。先生亲自照料着这一切，每到晚上，他看着师母已经把一天安排的食物都吃下去了，伸手摸摸师母的额头，一切都正常了，才放心地睡下去。有一次，师母因感染在长海医院住了几天，治愈后学生们送她回家，先生站在门口迎接，他用手抚摸着师母的额头，嘴里唠叨着，任敏不用怕

图 4 20 世纪 90 年代，贾植芳与陈思和在复旦大学第 9 宿舍寓所交谈。作者提供照片

了，咱们回家了。是的，在这个世界上，师母只有在先生的身边才不会感到害怕，而只有师母在先生的身边，先生才是最放心的。

但是，善良的愿望仍然是要落实到具体的经济问题上，我这里还是要谈到先生困窘的生活状况。先生早在 20 世纪 50 年代就为复旦中文系建立了现代文学教研室，成为这一学科的学术带头人。80 年代复出以后，他又以精湛的外国文学造诣开拓了复旦大学的比较文学学科，成为全国最早的中外文学关系研究领域的博士生导师。他从 50 年代起教书育人，培养了一代又一代的学术人才。这且不说也罢，但就在他最需要经济上支持的时候，他的退休工资只有一千元左右，没有其他的津贴。这当然不是先生个人的遭遇，一般高校

图 5 1992 年，贾植芳先生在复旦第 9 宿舍家中著述。作者提供照片

里的退休老教授大约处境差不多，可是对于一个没有子女补贴，又要负担重病在身的老妻的老人来说，也未免特别艰难了一些。但这些不说也罢了。我想写写先生的，不是他实际生活面临的困难，而是他面对这样困难的态度和精神大气。

贾植芳先生，在他被师母的病拖得山穷水尽的时候，已经是八十几岁的老人了，但是他对任何人，包括他的学生，如同他亲生子女一样的学生，都没有吐露过一句关于经济困难的抱怨。反之，从那时候起，他不声不响地整理起自己的旧稿、日记、书信、回忆录，写作各类长短文章。他每天伏案，著述不已。这几年来，他的著作一本接着一本地出版，如回忆录《狱里狱外》的修订版（2001年），纪实体的文献资料《解冻时节》（2000 年），散文集《雕虫杂技》（1998 年）、《不能忘却的纪念——我的朋友们》（2001 年），自选

集《历史的背面——贾植芳自选集》（1998 年），书信集《写给学生》
（2000 年）、《贾植芳致胡风书札》（影印本，2001 年）以及重新修
订出版的译著《契诃夫手记》（2000 年）等。最近他又有一部散文
集《老人老事》问世。这就是贾植芳先生在这短短四年里的工作。

　　我把先生的著述放在这么一种环境里论述，绝对没有忽视这些
著述的学术价值和文学价值的意思，正相反，凡读过《狱里狱外》
《解冻时节》的读者不会忘记这两部书所传递的历史真实信息的重要
意义。有些书，用不着商业操作和传媒渲染，它会让一代代读者为
之感动和珍爱，贾先生的书就是这样的书。我也绝对没有把这些书
的出版看作是出于纯粹的经济动机的意思，事实上我明明知道其中
有几种书的出版作者是拿不到一分稿酬的。但是，我还是要在经济
动机上高声赞美贾植芳先生，历来为有志气的文人所不屑一顾的著
书都为稻粱谋的行为，在当代文人贾植芳先生身上却焕发出崇高的
道德气节。他一生多灾难，多坎坷，这已经是他的历史了，但现在，
就在他八十多岁的衰朽晚年，他仍然用自己特立独行的思想和艰辛
劳动，塑造着一个硬硬朗朗的老知识分子的自我形象。

　　但是我知道，先生的愿望还远不只这些。有一次，杨浦区委书
记去看望先生，问他有什么困难，先生毫不迟疑地回答，能不能让
任敏醒过来，好好再过一阵子？

　　我想，这也是我们所有人的愿望。

　　作者为复旦大学文科资深特聘教授、博士生导师，曾任复旦大
学图书馆馆长，1982 年 1 月毕业于复旦大学中文系本科，贾植芳先
生的学生

谢希德教授与复旦大学

王增藩

　　20 世纪 80 年代初，我在复旦大学校长办公室从事秘书工作，一晃至今已 30 多年。打从那时起，我就与谢希德教授有较多的接触，印象最深的是，她办事干练，惜时高效。

　　校长室设在一幢简易古老的小楼二楼，有人上楼，楼梯就会发出吱吱的响声。我听惯了谢希德校长的脚步声，知道是她到了。紧接着，便传来招呼秘书备文的声音。谢校长接过厚厚的文件夹，走进办公室埋头阅文。半个钟头，最多三刻钟，该由她签署意见的，都能得到答复，当秘书的就喜欢这样的领导。

一

　　1983 年 2 月，谢希德担任复旦大学校长，成了新中国建立以来

图 1 谢希德（1921—2000），复旦大学物理系教授、博士生导师，中国科学院院士，曾任复旦大学校长。谢希德儿子曹惟正提供照片

第一位女大学校长。那年 8 月，正值学校放暑假。有人猜想：她也许外出避暑去了，也许闭门休养生息。然而，大家都猜错了，她还在忙碌呢。学校值班室的电话铃响了："我是谢希德，请您提供两个数字……"我很快记下校长的要求，并且从有关的资料中查到，电告了谢希德校长。

原来，谢校长正在自己拥挤的书屋里修改、审定 1984 年至1990 年学校发展规划初步设想，那几天，正是上海有史以来少见的艳阳天。赤日炎炎，挥汗如雨，连日气温高达 37℃至 38℃。然而，谢校长没有去度假，差不多每天都从家中赶到学校来，10 天之内，主持两次会议，对规划做了大的修改。她向中央领导汇报自己对办好重点大学的设想，将有关发展新学科、交叉学科的观点、重点列入了规划。

自从谢希德担任复旦大学校长后，学校教职员每学期开学时，都能听到她的工作报告和学校在新学期的打算，这已成为不成文的制度。她的报告既讲成绩，又讲问题，言简意赅，一个小时之内散会，深受师生员工的欢迎。

其实，要做这样一次报告，谢希德不知要花费多少宝贵的时间和精力。我虽然为她整理初稿，但从退回的文稿中，常常看到谢校长留下的密密麻麻的字迹。在开会之前，讨论稿几次印发党委书记、副校长和有关部门领导征求意见，由我汇总后，再推敲定稿。身为一校之长，把自己的领导工作，自觉置身于师生员工的监督之下，这是多么难能可贵啊！

每过一段时间，她就要办公室主任报告新的学院成立后，都做了些什么工作；办公会议决定的事项，落实了多少。她想多了解基层实际情况，以便更好地领导学校的工作。校际交流、学术活动已占去了她许多宝贵的时间，她忙极了，但仍然坚持了解基层。一次，她走在校园西南角的小道上，有人投来疑惑的眼光，问她是否走迷路了。谢希德笑着对他说："没有错，我是到系里参加校长办公会议的。"

在数学系资料室，该系的党政领导及部分骨干教师与校领导聚集一堂，原来这是校领导下基层召开另一次校长办公会议。教师首先反映，数学系资料室的图书期刊原来比较齐全，由于图书价格调整，现在要维持原订图书期刊数量已相当困难。校领导听了教师的发言后，从图书资料的重要性出发，与同来参加办公会的同志一起商量，决定一方面积极争取教育部给予特别支持，又力所能及地适当增拨部分图书经费。由于谢校长的重视和关心、名誉校长苏步青教授的大力支持，复旦大学数学系图书资料得到了及时补充，并加强了管理，已成为国内数学界闻名的资料室。

二

国际核靶发展学会第 7 届国际会议于 1978 年 9 月在西德慕尼黑附近的伽兴召开。谢希德作为团长，带领一个 8 人代表团出席这个会议，并在西德的一些实验室参加访问。从此，谢希德为 70 年代末以后复旦大学与国际高等学校和学术界的交流，拉开了序幕。

就在这次访问中，一件意外的事情发生了。那天清晨，在下榻的旅馆房间里，谢希德起床时不小心跌倒在床栏杆上，顿时肋骨感到一阵剧痛。特别是喘气时，更是难以忍受。这里是她出访的第一站，自己又是团长，所以没敢声张，其实，当时她已造成肋骨的部分骨折。回复旦后，她一忙早把此事忘得一干二净。紧接着，1979 年 1 月，她又赴美国考察。待到回国后到医院进行一般性体检时，医生经过 X 光透视，郑重其事地告诉她肋骨曾经骨折，但已痊愈，谢希德这才恍然大悟。

复旦大学 20 世纪 80 年代初出国的学者，大部分是由谢希德送出去的。海外许多学者反映，从那时开始他们才突然接触到许多复旦学者。长期以来"与世隔绝"的复旦，也因此在国际上声名鹊起。

"文革"刚结束，当许多人还对"外国"两个字避之唯恐不及之时，谢希德却毫不犹豫地与国外积极联系，把学生送到国外去深造。

图2 1978年9月，谢希德作为团长，带领一个8人中国代表团出席在西德慕尼黑举行的国际学术会议。前排中谢希德，前排左一南京大学施士元，前排左四复旦大学杨福家，后排左一复旦大学华中一。谢希德儿子曹惟正提供照片

　　以后几年，谢希德每年都为考取出国攻读研究生的物理系学生写私人介绍信，初步估计共有百人以上，这项工作占用了许多宝贵的午休时间，但她毫无怨言。有一次，受一位物理系学生之托，我请求谢先生为其写份出国求学推荐信，为省时事先将信草拟好，不料却被谢先生重重地批评了一顿。后来才了解到，她给学生写推荐信，都是亲笔写，从来不用别人代劳。这件看似细小的事，却在学生中广为流传。

　　谢希德在复旦大学，曾授予日本著名物理学家茅诚司及诺贝尔奖获得者杨振宁教授复旦大学名誉博士学位，并接待过美国前总统里

根、巴西吉马良斯议长等国家级领导人。她在国内首创了美国研究中心，并担任中心主任，是中美关系的推动者和中美友谊的播种者。

由于她取得的卓越成就，美国、英国、日本等 10 多所大学向她颁发名誉科学博士证书。1988 年，谢希德被选为第三世界科学院院士，1990 年被选为美国文理科学院外国院士。

三

早就分管复旦师资工作的谢希德，把培养学科骨干作为重点，采用破格提升的方法，使一批学科带头人脱颖而出。她的这项工作，为复旦大学后来的队伍建设奠定了扎实的基础。

谢希德认为，学科带头人应有较强的组织能力，能影响、带动一批人，指挥、团结一班人协同工作，不断做出成绩。随着科学的迅速发展，还会派生出许多新的学科，其带头人也会不断成长。评一批重点学科，选一批学科带头人，让他们在教学科研中真正起到中坚作用，已势在必行。在谢希德的关心下，学校制订条文，规定给予学科带头人优先参加国内外学术活动，享受学术休假的待遇；对工作有突出贡献的，给予越级晋升和增加工资等待遇。从 1978 年至 1981 年的 4 年间，学校有 66 位教师连续 2 次晋升职称。1985 年，为奖励先进，又给全校 10 名优秀的学科带头人晋升两级工资。这一做法，促进了一批学科带头人的成长。

接着，谢希德会同师资办的同志，大力起用年轻冒尖人才，加快师资队伍的培养速度。学校通过在教研室任职、破格提升、送往国外进修等途径，使许多年轻有为的教师迅速成长起来，工作中有

图 3 1981 年 6 月，谢希德教授荣获美国史密斯学院荣誉博士学位。谢希德儿子曹惟正提供照片

突出成绩的 7 名 40 岁以下的教师，被破格晋升为副教授，在当时产生了实际效果和深远影响。

复旦的表面物理研究所，曾长期由谢希德教授主持；后来她离开研究一线，由她和同事共同培养的 10 多名博士挑起了大梁。目前，表面物理国家重点实验室 45 岁以下的青年学者占 60%，其中有 12 位博士，包括 5 位教授、5 位副教授、实验室的正副主任都还未到不惑之年。近年来，以侯晓远、金晓峰、黄大鸣、资剑等为代表的这一青年群体共在国际、国内发表论文700多篇。在对多孔硅的光学特性的研究中，他们在国家权威物理刊物《物理评论通讯》上发表的系列论文，更被国际文献引用了160多次，并被列入当年国际多孔硅研究的6大进展之一。更值得一提的是，实验室已有4人获得国家杰出青年科学基金奖。

四

人们尊敬校长，因为她平易近人，和蔼可亲；人们信任校长，因为她坚持原则，实事求是，许多人来信反映问题，她总要亲自拆阅，并嘱咐秘书及时回函。上门找她的老师、学生络绎不绝。

早晨，谢希德通常都是先到物理楼科研室，然后再步行到校长办公室的。这段路程虽然不远，但有时要花去不少时间。她走得不快，但也不是那么慢，用物理学上的术语说就是，路上的"平均自由程"太短，"碰撞频率"太高，就像高压容器中的分子，运动了很短的距离后，就会遇另一个分子碰撞。有礼貌的学生，会说一声"老师好"，或投来敬佩的微笑。有些教师希望谈谈分配房子的事，或要求关心一下他们的职称评定之事，就会把谢希德拦住。有一次，路上行人特别少，谢希德却遇到一位在新闻系进修的学生。他正在进行摄影实习，谢希德被他选为练习摄影的对象，至少耽误了几分钟。

校长关心学生，学生也感受到校长慈母般的爱。在与谢校长的交往、接触中，女大学生更愿意向她反映自己的苦闷和要求。如女学生提出了分配工作难的问题，谢希德对此很重视，关照校毕业生

图4 1983年，谢希德校长在复旦大学班车上，左为校外事办公室主任刘庚生。谢希德儿子曹惟正提供照片

分配办公室，要特别做好女学生的分配工作。同时又要求女学生自强、自重、自爱，用自己的优异成绩，接受国家和用人单位的挑选。还有一些大学生，因犯错误受到学校处分，学生和家长纷纷通过各种渠道来说情，但谢校长坚持原则，总是维护集体做出的决定。她常说："学校的校规如不能坚决执行，不但办不好大学，也是对学生不负责任。所以我坚信，严是爱、真正的爱。"

她是堂堂复旦大学校长、著名女科学家，按照她的身份，每天上下班应有小轿车接送。可是，在接送教师来校上课的大型早班客车上，人们时常看到校长的身影。有人问她，乘坐复旦大学的"巨龙"班车有何感想？

"我觉得这是一件非常愉快的事，在车上既可以提前处理一些公事，又可以借这个机会与同志们交谈，静听各种议论。从校内的事到天下事，都可以成为车内的话题，其中有发牢骚的，但也不乏具有独到高见的。特别有意思的是，车内总有一二位不愿隐瞒自己观点，也不善于窃窃私语的同志，不时发表一通高见，而获得一些同事的共鸣。"教师对学校的意见和要求，就在巨型客车里得到了交流；学校有些重要决策，又通过谢校长的宣传深入人心。

谢希德校长对涉及学校和她本人的文字要求非常严格，强调真实、确切，不希望看到华而不实的情节。有一次，一家报社的记者发表文章，把不是谢校长说的话套在她头上。谢校长非常生气，马

图5 1993年，王增藩看望谢希德院士。作者提供照片

上把我叫去："我口述，你写一封信。"那封信措辞非常激烈，对此事表示强烈不满，而且信直接寄至该社总编室，我难得看到她生这么大的气。还有一次，某出版社要出一本关于谢校长的书，特地安排了一位文字非常华丽的作者。谢希德一听说要用大量的形容词，就说我不要这个作者，你们要写的话，跟王增藩商量，如果他同意我就配合写作、出版。这书最后由我撰写并顺利出版了。

在复旦大学建校 80 周年时，谢希德深有感慨地说："复旦大学迎来了自己的 80 诞辰，我在这里的 33 个寒暑，只不过是她全部历史的一小部分，但也是重要的一段，和其他许多同志一样，我很幸运地成为这段历史的见证人。我们为新学科的诞生和老学科的发展而感到由衷的高兴；我们目睹校园重心的转移，她先是从西向东，现在正从北向南发展，跨越了数条马路。我们为校园的扩展感到高兴。复旦已像一个巨人，屹立在上海的东北……为了祖国的四个现代化建设，我多么希望变化能更快些啊！我们应该有时代的紧迫感，但也不能过分焦急，我们学会了如何以实事求是的精神，脚踏实地地奔向明天。"

作者为复旦大学研究员，曾任苏步青校长秘书，为谢希德校长以及校长办公室处理文字工作。1965 年 7 月毕业于复旦大学中文系本科

一生清贫，一身浩气

——悼念张薰华老师

朱 民

2020年11月8日，我回复旦大学参加经济学院举办的庆祝张薰华老师执教75周年学术研讨和庆祝张老师百岁华诞活动。我早早地赶到会场，会场外的空间临时布置了张老师一生的图片展，正端详间，一抬头见校党委书记焦扬陪着张老师夫人宁老师走来，我连忙迎上去，顾不上和焦扬书记打招呼，上前几步，抱住宁老师，真是止不住的高兴。我扶着宁老师缓缓地看着图片，听她细细地讲述图片背后的故事。见到宁老师来了，大家都趋前来打招呼。洪远朋老师过来，宁老师惦记着洪老师的心脏疾病，拉着他的手问长问短。肖云过来了，他是张老师的学生，时任南昌市副市长，宁老师还惦记着他的双胞胎儿子，也关心故乡的发展。经济学院张军院长过来，宁老师提到当年张老师对张军的破格录取，还惦记着要把当年张军的考卷找还给张军。和张老师一样，宁老师心里满满装的都是学生。

图 1　张薰华（1921—2021），江西九江人。复旦大学经济学院教授。1959
年中央党校开办理论班，张薰华被选派到北京，脱产学习三年。图为张薰华在中
央党校留影。亲属提供照片

会议简朴庄重，闻讯而来的各界人士把大大的礼堂挤得满满的。焦扬书记、伍伯麟老师、洪远朋老师等先后针对张老师的教学和学术贡献做了发言。我的发言则是关于张老师对我影响最为深刻的他的人格力量。我提到张老师一生都勇敢地追求真理，敢于对《资本论》中的计算提出异议。张老师不懈研究，在 60 岁、70 岁、80 岁、90 岁高龄都有新的学术突破，从《资本论》研究深入到生产力研究，再到生产要素研究，然后深入到人口、土地和环境的研究，不断创新。张老师治学严谨但对学生很慈爱，对学生关爱有加，他曾任我们 1977 级的班主任，我们都深有感受。张老师当时住在医院，未能出席研讨会。午餐期间，我们几度举杯，以水代酒祝张老师健康长寿。

　　2021 年 2 月 1 日，突然传来张老师去世的消息，虽然早有预感和准备，但仍然感到心在下坠。2 月 3 日，我从北京赶去上海参加张老师的追悼仪式。宁老师一再地坚持，秉持张老师一贯的风格，追悼会格外简朴。学院让我代表学生发言，我刚开口"张老师走了"，眼泪就止不住地流下来，流着眼泪，我断断续续地讲了我入校 40 年来张老师对我的关爱、张老师那温暖和善良的人格光芒。讲着讲着，讲不下去了，宁老师站起来，轻轻地抱住我，泪流在了一起。

　　想起张老师，就会想起他在复旦大学第九宿舍的那简陋的居室。这是复旦大学早年建造的一批教师楼，灰色的外墙，经历多年的风雨已经黝黑发暗，没有电梯，楼梯的扶手铁锈斑斑，水泥地面斑驳不平。张老师的家，屋内格局简单狭小。小小的客厅，靠墙一排简单的书柜，靠书柜是一张用餐的八仙桌、两把椅子，窗前还有一张极其简陋的学生书桌，把室内挤得满满的。这是我从 1978 年初考入复旦大学读书到任教、出国和回国 40 年里多次去过的地方，同样的椅子和同样的桌子，没有任何的变化，一如既往的简朴。不变的更是张老师和宁老师亲切的笑脸和温暖的双手。

这里留给我多少温暖的记忆。

记得二年级初夏之际，复习考试时，我在马克思的从抽象到具体的演绎方法上卡住了。从抽象到具体，那么，抽象的具体是怎么来的呢？那个时候，没有手机，也不用预约，晚饭后，我就直奔张老师家去了。张老师亲切地招呼我坐下，递上扇子，宁老师给我送上了绿豆汤，我就直接提出了我的困惑。张老师在书桌上随手画了一个由小到大的圈，解释了马克思在《政治经济学批判》中提出的"从抽象上升到具体的方法"，即从抽象到具体的扩张和丰富的逻辑，使原始范畴的本质在后续范畴的展开中不断再现和丰富，使全书成为一个逻辑严密的整体。张老师解释，这就是"思维具体"。张老师接着又画了一个由大到小的圈，返身解释了在实践观察中从具体到抽象的提炼和归纳过程的思维方式，直到找到理论和实际统一的起点范畴，是为"具体思维"。我顿时豁然开朗，那一天晚上，我兴奋了好久，迟迟不能入睡，两个圈圈反复出现在脑中，变大、缩小、重叠、分开，奇妙而又神奇。

跟张老师学《资本论》既害怕，也是享受。害怕，因为《资本论》难读，张老师讲得又深又活，要跟上不容易。但更多的是享受，张老师讲授《资本论》的课真是精彩。他遵循原著逻辑和思路，提纲挈领，要点突出，言简意赅，深入浅出。书中的难句难点，他从不跳过，总是逐节逐句阐述。记得最后还形成了《〈资本论〉难句试解》，成为全国经济学研究生争抢的材料。张老师特别重视马克思的方法论。第一堂课，他就说，学习《资本论》，一是马克思的基本理论要读透，二是要重视和学习马克思的方法论。张老师身体力行，用马克思改造黑格尔辩证法的方法，创造性地用"圆圈的圆圈"方法，生动形象地把三卷《资本论》的内容剖析透彻，讲述得淋漓尽致。一共六个圈层，即生产力的源泉（人口、资源、环境）生产力圈、商品所有制（市场经济）圈、要素所有制（公有或私有）圈、政治圈、法律制度圈和意识形态圈。这六个圈层之间是辩证联系，既包括人类社会整体，也反映了人文社会科学之间的关系。他形象、创新地阐明了马克思主义的基本原理，帮助我们理解生产力、生产关系和上层建筑之间的辩证联系。

就这样，张老师用他的圈圈论，把《资本论》的内在逻辑和演化演绎得精美，用黑格尔的辩证逻辑展示了《资本论》的逻辑美。我总记得张老师瘦瘦的身材，在两块大黑板前，一个圈一个圈地演绎马克思的《资本论》，我在下面听得如痴如醉。那时候在宿舍床边墙上，我用三张大纸画了张老师的三个大圈圈，时时揣摩。《资本论》读完了，张老师教会了我辩证逻辑的思维方式，特别是思维上从具体到抽象的归纳，表述上从抽象到具体的丰富，逐渐帮助我形成了严谨的思维和表述模式。在以后的近40年里，张老师教我的辩证逻辑的思维方式帮助我一次又一次攀上学习的山峰，帮助我一次又一次在错综复杂的环境下做出政策决断。

三年级的时候，张老师在《中国社会科学》上发表了《试校〈资本论〉中某些计算问题》的论文，对《资本论》中的几个计算错误提出校正。这件事不但立即轰动了经济系，也在复旦大学引起巨大的反响。"文革"刚过，又是对《资本论》的指错，一时复旦校内议论纷纷，气氛颇为紧张。这可是中国经济学界第一次有人指出马克思在《资本论》中也有错误。我们当时正在学《资本论》第三卷，我立即找了张老师的论文和原著对照，似懂非懂之间，觉得张老师是对的，但也觉得风险很大，可以不必较真。直觉告诉我这件事很重要，我想问明白，就直接去张老师家，提出了我的疑虑。张老师笑眯眯的脸一下变得非常严肃，他说，我们对经典理论，第一对文献要真读懂，读透，深刻领会马克思科学的精神，解释要忠实原著。第二要实事求是，有问题就要指出，但要真诚中肯，这也是维护经典的最好办法。第三，马克思是一位严谨的学者，在病痛和贫困中用一生写就《资本论》，作为理论研究者，我们也要弘扬马克思主义的严谨学风。说到这里，张老师笑了，他说若马克思在世，他也会同意的呢。我一直钦佩张老师的学术钻研，也钦佩张老师的正直和善良，但从此更钦佩张老师的道德勇气。我后来和洪文达老师提起这件事，洪老师非常严肃地说，张薰华教授这篇论文的价值，远远超过了其内容本身。我们要用马克思本人一贯坚持的科学精神对待马克思主义。我们都要学张老师，解放思想，实事求是。

大学四年很快过去了，毕业之际却也惶惑。当时我原来的工作单位想要我回去当领导。到政府部门参与实际改革也很有吸引力，同时我也觉得知识学得不够，还想继续学习，也和班里的很多同学一样准备考研究生。张老师目光远大，他预感到在改革开放的大势下，为国家培养经济人才是当务之急，经济系的招生一定会扩大，现有复旦经济系师资力量严重缺乏。他考虑的是如何培养一批中青年教师，把复旦经济系老教授们的优秀经验、研究方法和研究成果传承下去。他向学校提出，在考研和分配之前，先安排一批 1977 级学生留校任教，得到了学校的支持。这一次，是张老师把我叫到他家里，提出要我先行留校。事出突然，我有些犹豫。张老师缓缓地说："学校希望你们留校既是为复旦，也是国家改革开放的需要，是未来人才培养的需要，也是对你们的培养。我平时观察，你有点宋承先教授的书卷气，有教书的能力，也有独立研究的能力，教学相长，你会成长很快。"最后，他加重语气说："希望你以大局为重。"我高高兴兴地留校成了复旦教职工中的一员。张老师"大局为重"的观点也影响了我整整一辈子的人生。

1985 年我赴美前夕，前去张老师家辞行，心中忐忑不安，我很

图 2 1984 年 5 月，张薰华与经济学院部分师生在复旦大学校门口合影。后排左二起依次为伍柏麟、蒋学模、张薰华、尹伯成。亲属提供照片

图3　2001 年 3 月，八十高龄的张薰华教授为复旦大学文科基地班上课。
复旦大学档案馆提供照片

害怕张老师会批评我，因为我辜负了他的期望，没有在复旦经济系
坚持下来。张老师一如以往温和微笑着。他说："这几年你很努力，
蒋学模老师通常不太表扬人，但在我们会议上对你的教学和研究工
作很满意。我看着你成长，很高兴。我很理解你，国内的经济改革
日渐深入，遇到的理论问题也日益增多，你出去学学，掌握新的工
具，也会有帮助。"宁老师则在一边不断地叮嘱我出门在外注意身
体和安全。最后，张老师送我到门口说："你出去学习不容易，一定
非常忙，平时也不用写信，每年末寄张贺卡，让我们放心。"捧着
张老师厚厚的关爱，我踏上赴美的航班。

　　1996 年我从美国回国后去见张老师，之前问系里张老师的住址，
告诉我还在第九宿舍，我就很惊讶。循着旧有的记忆，一路小跑，
上得三楼，推门进屋，张老师的家一如我十年前告别时一样，没有

任何变化。望着我一脸的惶惑，张老师看出了我对他居所的疑虑，缓缓地说："我一辈子清贫，习惯了，现在也退休了，这地方够住，也有空间做点学术研究，就够好。"宁老师安静地说："他喜欢简单，我们习惯了，清贫了一辈子，这样挺好。"我转而深深地敬佩，心一颤，眼泪掉了下来。我问张老师有什么我们学生能做的吗。他没有接我的话，转而不断地问我在美国的学习和工作经历。宁老师在一边，握着我的手，还记得当年我和我弟弟同时考入复旦，问起我弟弟的情况。

张老师没有提任何生活上的事，76岁的高龄，向我讲述他转做人口研究。张老师说："我们研究资本论，要研究生产关系的发展，也要研究生产力的发展，生产力的源头是人口和土地。就经济学来讲，马克思主义政治经济学的研究对象不应限于生产关系，还应揭示物质内容（生产力），还应深入生产力的源泉（人口、资源、环境）研究中。中国目前生产力发展还很落后，遵循马克思的理论还有很多问题可以研究。"张老师一直关注生产力研究，开创性地提出社会生产力结构范式，即从其源头到本身到结果，并循环运转，后来出版了专著《生产力与经济规律》。这本书理论透彻，逻辑性强，书中章章有新意，处处引人入胜。他也问我国外的相关研究情况。临别之际，张老师说："这么多年，我看着你成长，特别高兴，这些年来你寄给我的新年贺片，我都保留着。"顺着张老师的手指，书架上，从我在普林斯顿大学学习到去世界银行工作，在不同地方给张老师寄的不同的贺卡，一张一张整齐地排列着。这就是复旦的老师对学生的厚爱，握住张老师的手，我不禁哽咽。

2010年初春，我赴美去国际货币基金组织任职，临行前，再一次向张老师辞行。张老师很高兴，他幽默地说："这几天满世界都在说你的事，你要为世界做贡献，为国争光。"他说："正好前几天有人送他一点茶叶，推也推不掉，你喝茶，你就带去吧。"宁老师早早把茶叶找了出来，我就带着张老师的叮嘱和茶叶，再次跨上赴美的征途。之后六年，张老师的"为世界做贡献，为国争光"时时在我耳边响起，醒聩震聋，激励我奋力前行。

2014 年春，我回复旦为洪文达老师种一棵树以为纪念，也去看望张老师。刚过二楼的楼梯拐角，还没上楼，就见到张老师已经在家门口倚着门框等我了。张老师 94 岁了，讲话不太清楚，宁老师告诉我他也已经不太认人了，但听说我去，早早等在门口。这次，我握住他的手，听他断断续续地谈起往事和关于环境的研究。突然，他说："我经常在电视上看到你，也看到你们总裁是位女士，你为什么不做总裁呢？你看，你从国际货币基金组织寄回的贺年片，我都搁在书架上呢，等你做总裁。"聊了一阵又一阵，临走时，张老师坚持要下楼送我，还不让我搀扶他。慢慢地，慢慢地，张老师一步一步挪下楼梯，总算在二楼同意停下来，挥手道别。

2016 年秋，我在国际货币基金组织任职期满，打点行李，又一次踏上回国之路。安顿之后，我即回复旦看望老师。先去张老师家里，还是那熟悉的第九宿舍。我向张老师汇报我在国际货币基金组织的工作，张老师身体明显弱了，听力也衰退很大，他偏着头，仔细地听。当我提到，我退休了，准备放慢一些。张老师突然很严肃地打断我，一字一顿地说："你不辱使命，我们都很高兴。你没有回复旦我们都有些失望，但清华也是好地方。退休可以，学术研究不要放弃，我的新研究都是在退休后开始的呢。你的基础好，看了世界，可以和中国的事结合，做新的学术研究。"我深深地感动于张老师的期望和厚爱。

2017年9月，为纪念1977级和1978级入校40周年，复旦大学举办了隆重的活动。我们都从各地赶回母校相聚。在经济学院组织的座谈会上，张老师居然以97岁的高龄赶来了，精神很好。他向大家问好，祝愿大家继续在学术研究上有进步。会后照相，老教授都坐在第一排，张老师居中，我们学生站在后面。刚排好队形，张老师突然要我坐到前排他的身边，我是学生，当然不敢。婉拒之间，张老师却坚持，我只能走过去握住他的手坐下，却也留下了一张弥足珍贵的相片。

2019年仲夏，我回复旦拍一个中央电视台的纪录片，拍片结束，我要去看张老师，摄制组提出也要跟去，我们就一起去了第九宿舍。张老师99岁了，他不说话，就是紧紧地握着我的手，我心里有无尽的温暖和感动，我们就这样静静地坐了好久。镜头里定格了张老师握住我的手的画面，简陋的第九宿舍，书架上两排我多年间从海外给张老师寄回的贺年片，暖暖地闪烁着。

张薰华老师是1947年入党的老党员，新中国成立前复旦大学地下党的组织者，是1950年陈毅市长任命的复旦校务委员会常务委员。学校工作进入正常运转后，他坚持要求去经济系教书，直到我考入复旦大学的1977年和离开复旦赴美，张老师一直是经济系主任。从那时起到今天，40多年间，我多次去张老师家里，总是那熟悉的地方，那熟悉的感觉，坐同一把椅子，用同样的桌子，没有任何的变化。张老师淡泊名利，宠辱不惊，物质生活简单，粗茶淡饭，简朴服饰，长居第九宿舍陋室。张老师在工作上务实，学术上严格，但做事规范又有改革精神。张老师思路极其严谨，但又时时大胆创新，他不断开拓，深入探索各种经济规律，敢言人所未言。张老师对学生严格，却又呵护有加，我们同学有困难，他总是想方设法帮助解决。张老师更重视我们的为人，记得读书时，张老师在课余和我们谈得最多的是"治学做人"与"做人与做学问"的要务。张老师本人，真是一生清贫，一身浩气。

就在和张老师一次一次的接触中，在他宽广的胸怀里，在他人生履历的经验之中，我逐渐懂得人生。在张老师不断的关爱中，我得以成长。追随张老师的 40 多年里，在复旦大学浓浓的学术和精神文化氛围中，我得以提升。我在张老师身上感受最深的是他所代表的那一代知识分子的精神和气质，对人类和中华民族的使命感和责任感，独立精神，开放自由，追求知识，追求真理，关爱后生，敢于创新，正直、宽爱、严谨、乐观，虽千难万苦，而百折不挠。这些都深深地影响了我。

张老师安详地躺着，一如从前。我向张老师鞠躬，鞠躬，再鞠躬。

张老师，我们永远怀念您。

作者为复旦大学 1977 级经济系校友，曾任清华大学国家金融研究院院长、国际货币基金组织副总裁

陈灏珠：一生研究一颗"心"

陈超怡

陈灏珠（1924—2020），祖籍广东新会，中国著名心血管病专家、医学教育家、中国当代心脏病学主要奠基人之一、中国工程院院士、上海市心血管病研究所名誉所长、复旦大学附属中山医院终身荣誉教授。他曾任全国第七、八、九届政协常委，上海市第七、八、九届政协副主席，中国农工民主党中央副主席和上海市委员会主委。

陈灏珠的一生精彩斑斓，映射了近百年中国历史改革的风云变幻与世界和平的可贵。他心怀家国天下，从事医、教、研工作70余年，将毕生都奉献给了祖国医学事业，是新中国医学发展的同路人，见证了中国医学独立自主、自力更生、从无到有的发展历程。

1924年，陈灏珠出生在香港的一个书香家庭。1941年香港沦陷，他们全家逃难回到祖国内地。当时的中国内忧外患，战火纷飞，民

图1 1950年，在中山医院任住院医师。亲属提供照片

不聊生。逃难的路上，时刻充斥着各种艰难困苦，常常亲眼见到满目疮痍的家园和鲜活生命的消逝。在父亲的悉心教导下，陈灏珠乐观豁达、坚守理想，思考着自己的人生道路与使命。"不为良相，愿为良医"的古训启发了他。1943年，陈灏珠顺利考取当时迁移到粤、湘、赣交界处的国立中正医学院，他的学医之路在硝烟烽火中艰难前行。前有莽莽群山，后有日寇追迫，流亡路上他坚韧不拔、勤勉好学，颠沛流离的学习生活培养了他快速记笔记的本领、扎实的专业外语功底和强健的体魄。在艰难的环境中，不向困难低头，不屈不挠、潜心学业、报效祖国，这是经历过抗战年代的老一辈传给后辈年轻人的精神信仰与财富！

1948年，作为国立中正医学院最优秀的学生之一，陈灏珠在院长王子玕的推荐下赴上海中山医院（现复旦大学附属中山医院）实习。中山医院在当时英才辈出、人才济济，在院长沈克非教授带领下向全国广纳贤才。陈灏珠全情投入，不知疲倦地学习与工作着。严谨、求实的中山精神，进一步塑造着他的精神品格和专业技能。1949年，陈灏珠实习期满正式毕业时，上海已经解放，他应聘留在中山医院内科工作，从此踏上了临床医师的道路，开启了与中山医院72年的不解之缘。

服务祖国上一线　大医精诚为人民

"作为与新中国同奋斗、共成长的一代医务工作者，祖国哪里需要，我就到哪里去。"这是陈灏珠的爱国情怀。1950 年，陈灏珠毅然报名赴上海市郊区为解放军防治血吸虫病。当时工作环境非常简陋，进行静脉注射锑剂治疗危险性也很大，但经他悉心治疗的战士无一发生严重并发症，因此他荣立了三等功。1951 年，他响应号召积极参加抗美援朝医疗队，在东北军区第二陆军医院救治伤病员。他被分配在肺科病房工作，对病员如亲人，严谨地工作，并在技术上精益求精，尽心尽力地救治志愿军战士。同时，他还帮助创建了东北军区军医学校，获得中国人民志愿军立功奖状。1968 年，他远赴贵州省威宁县参加巡回医疗队，为边远山区少数民族群众服务一年，以高尚的医德、精湛的医术赢得了当地群众的尊敬。1969 年，云南通海发生大地震，他又随上海市抗震救灾医疗队连夜飞赴灾区，在余震中不分昼夜抢救伤病员，控制传染病传播，直到最后一批撤离。

20 世纪 70 年代初，中国逐渐恢复对外交往并开始重新实行对外接触的政策，国际交往日臻频繁，来访的国外专家、友人明显增多。陈灏珠因为汉语和英语都讲得非常纯正得体，业务又扎实，因此有关组织经常指派他参加来华访问患病外宾的救治工作。因为涉及国际声誉与影响，组织上要求为外宾诊治的每一个步骤、每一个细节绝不能出一点差错。陈灏珠负责的每次会诊都集中了各方面专家的意见，大家开诚布公地充分讨论，尽最大的努力，用最合适的药物，采用当时所能提供的最先进的诊疗方法抢救外宾，兢兢业业，

图 2　1951 年，陈灏珠（第二排左五）参加抗美援朝医疗队。第一排坐者为陈化东（左三）、熊汝成（左四）、沈克非（左五）、林兆耆（左六）、陶寿淇（左七）、李宗明（左八）等知名医学教授。亲属提供照片

不负国家的嘱托，每次都能圆满地完成任务。其中尤为突出的是在 1951 年，陈灏珠临危受命抢救突患急性心肌梗死的美国来访外宾保罗·巴茨博士。他日夜守在病人身边，以坚定的信念、高超的医术、一丝不苟的责任心陪伴病人三闯"鬼门关"，最终圆满地完成了救治工作，取得了良好的国际影响，为祖国赢得了尊严。

从医七十余载，陈灏珠最在乎的就是"医生"这个称谓。"医德高尚、医风严谨、医术精湛"是陈灏珠为自己定下的标杆。他善于观察，凭借着扎实的基本功和缜密的临床思维能力为无数病人诊断病情、解除痛苦。在高超医术之外，他更以医风医德而闻名。他对每一位病人都一视同仁，认真仔细、关心体贴，尊重病人隐私。他说："医生给病人做体检，手会触摸在病人的皮肤上，给病人的应

是一种温暖的感觉，而机器跟人的交流是冰冷的。温暖让病人产生信任，医生才能更好地诊断和治疗。从询问病史到体格检查，再到亲自看化验单、心电图、X 光片，这种流程规范是医生无论如何都要坚持的。"从 24 小时值班的住院医师到德高望重的教授、院士，陈灏珠一生都在践行着"做一名好医生"的庄严承诺，用夜以继日的无私奉献来表达自己对祖国的热爱。

创新研究出成果　心研世界展宏图

大半个世纪以来，陈灏珠一直专注于研究一颗"心"。"勤学获新知，深思萌创意，实干出成果"是他的座右铭。正是凭借自力更生、刻苦钻研、不断创新的精神，他在医学科研事业上取得了令人瞩目的成绩。

1954 年，陈灏珠在国内首先提出用"心肌梗死"的病名来命名这一疾病并沿用至今，成为目前我国心脏病学界公认的诊断称谓。他在我国率先施行左心导管、选择性染料和氢离子稀释曲线等检查，提高了先天性心脏病、风湿性心脏病等结构性心脏病的诊断水平；率先用电起搏和电复律治疗快速性心律失常达国际先进水平；在国内开展第一例埋藏式起搏器的安置术，成功治疗完全性心脏传导阻滞病人；率先用活血化瘀法治疗冠心病并阐明其原理。1973 年 4 月，他在国内首先成功施行选择性冠状动脉造影，从而掌握诊断冠心病的"金标准"，为外科施行搭桥手术治疗提供依据，也为其后施行介入性治疗提供条件。1974 年，他在临床工作中，通过仔细观察和分析，把治疗经验、文献知识与最佳证据结合起来，世界首创使用超

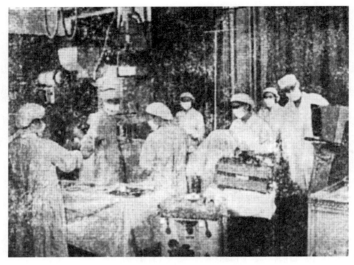

图3 1973 年 4 月 23 日，在上海市心血管病研究所心导管室成功施
行国内首例选择性冠状动脉造影。亲属提供照片

大剂量异丙肾上腺素注射抢救"奎尼丁晕厥"（严重快速室性心律失
常）成功，挽救了许多病人的生命。1991 年，他率先在国内报告血
管腔内超声检查用于诊断冠状动脉粥样硬化能显示冠脉造影所不能
显示的病变，这在冠心病诊断上具有里程碑式的意义，提高了冠心
病的诊断水平。他还以前瞻性的眼光深入冠心病、动脉粥样硬化和
血液脂质研究，并在 50 年代就提出了我国心脏病病种变迁、流行趋
势和防治对策。在他看来："中国心血管病医疗发展一定要自力更生、
勇于创新。"陈灏珠的科研与创新，为推动我国心血管病介入性诊
治技术的发展做出了开拓性贡献。

　　1958 年，上海市心血管病研究所成立了，这是上海最早设立的
临床医学研究所之一，也是中山医院成立最早的研究机构，专门从

图4 1978年，陈灏珠（坐者）与心脏外科专家在中山医院讨论病人的手术问题。右三为时任上海市心血管病研究所所长石美鑫。亲属提供照片

图5 1998年，参加上海市心血管病研究所成立40周年纪念大会。左起依次为吴珏、顾恺时、陈灏珠、陶寿淇、石美鑫、姚泰、杨秉辉。亲属提供照片

事心血管病临床、科研、教学、培训工作。1978年，陈灏珠被任命为心研所副所长，1984年被任命为所长。除了医学、研究、教育事业的发展，最让陈灏珠骄傲和自豪的，是心研所成为世界卫生组织心血管病研究和培训合作中心，并以此为起点，走上了世界的舞台。他搭建平台，创造科研环境；积极引进海外年轻学者回所工作，助力心研所达到甚至赶超国际水平。他陪伴着心研所走过了60多个春秋，亲历了它的成长与辉煌；而心研所也为他提供了更为广阔的舞台和事业发展的空间，见证了他的辛劳与荣耀。

严师良友育英才　搭建桥梁传真知

教学是陈灏珠从医生涯中另一个浓墨重彩的篇章。他以精深渊博的知识、深入浅出的讲授、严谨耐心的态度、循循善诱的教导、平易近人的关怀，引导了一代又一代青年学子步入救死扶伤的神圣殿堂。

陈灏珠共培养博士后4位、博士研究生51位、硕士研究生24位，许多学生已成为知名的医学专家。他对学生的要求十分严格，却从不居高自傲，反而欢迎不同意见，提倡教学相长。而在课堂之外，他视学生为自家的孩子，学生遇到困难，他总倾力去帮助。他为人师表，不道人长短，不与人争利，用自己的人格魅力教导学生们应该怎样为人处世，怎样对工作负责，怎样为社会做出贡献。他几十年如一日坚持每周在心内科例行英语查房，在提高年轻医生临床业务水平的同时，又提高了他们的专业外语水平。他提倡对医学生和临床医生的培养要强调基础理论、基本知识和基本技能的训练，在

图6 1983年，上海市心血管病研究所与世卫组织合作，首次举办全国心血管流行病学讲习班。图为师生在中山医院大草坪上合影，第一排右起第四位为陈灏珠。亲属提供照片

实践过程中要求严格、严密和严谨，也就是"三基三严"。

在繁忙的日常工作之余，陈灏珠笔耕不辍，他历年累计发表论文和学术性文章700余篇，主编图书12种，参编图书30余种，主译书7种，编写教材40余种。其中，由他主编的《中国医学百科全书·心脏病学》、《内科学》第三版及第四版、《实用内科学》第十至十四版、《实用心脏病学》第三版及第四版、《心脏导管术的临床应用》第一版及第二版等均为我国在该领域的权威著作，被同行和学生们视为案头必读书籍。他积极参加国内外学术会议，通过大会报告、访问讲学和论文、综述等形式，将最新的研究成果传递给世界

图7 1979年在庐山参加第七版《实用内科学》总审。后排左起依次为陈灏珠副主编、翁心华编委、戴自英主编，前排左起依次为朱宝荣编委、丁训杰副主编、朱无难编委，林兆耆主编因病未参加总审。亲属提供照片

各地的同道。在百忙之中，他还曾为数十位中青年医师所编写的专著作序，鼓励他们著书立说。他常说："一花独放不是春，百花齐放春满园。"

参政议政系百姓　创立基金助扶贫

陈灏珠的高尚品质，使他具备了广泛的民众基础。"从医为民、

参政为国"，他先后担任中国农工民主党上海市委员会主任委员、中国农工民主党中央副主席、上海市政协副主席、全国政协常委等职务，直接参与社会管理和政治活动。政协工作还让他更深刻地意识到我国医疗水平发展的不平衡状况，并始终牵挂着"老、少、边、山、穷"这些地区的基础医疗发展情况。1996 年，他结合农工民主党上海市委研究室研究结果和自身在边远山区的工作、考察经历，在全国政协八届四次会议上代表农工党中央发表了《为实现我国农村初级卫生保健的目标而奋斗》的提案。提案中指出政府应"逐年加大对农村，特别是对'老、少、边、山、穷'地区卫生事业的支持和财政投入"。这项提案得到了政府的高度重视，经凝练后以"努力实现农村初级卫生保健"为题发表在《人民日报》上，全文则被刊登在《前进论坛》上。上海市委统战部的文件中对陈灏珠多年的工作给予了很高的评价，认为他自始至终都"重事业发展，轻个人进退"，尤其在政协和民主党派工作的这段时间里，他"双肩挑"，"一边从事医疗、教学和科研工作，一边参与政治协商、民主监督和参政议政工作，两方面的工作都做得很好"。

从政协和民主党派工作上退下来后的陈灏珠仍在思考过去的一些提案。2007 年，陈灏珠和家人捐资设立"复旦大学陈灏珠院士医学奖助学金"，至今已资助 200 余位医学生完成学业。2018 年，基金设立"医艺承扬"大讲堂，用以提升医学生的人文素养。随着宗旨的不断深化，2017 年，基金更名为"复旦大学陈灏珠院士医学发展基金"。

基金依托复旦大学附属中山医院，连续四年举办"沪滇心血管内科新进展培训班"，为云南省培养了 250 余名基层医疗人才。陈灏珠亲自为学员授课，带着他们查房。2019年，95岁高龄的他患腰椎疾病，腰腿异常疼痛，但他仍坚持在结业典礼上为所有学员颁发证书，并语重心长地说："我有诺必践，也希望大家在回去后能尽心尽力救助病人。"曾有学员提出希望把精湛的心导管技术带回家乡，他认真思索后制订"先学、后教、再做"六字方针，于2017年起开设"心血管介入诊疗规范化带教进修班"，已有18组手术团队完成进修学习，带动了许多基层医院的心导管技术从无到有的发展，挽救了大量急性心肌梗死患者的生命。2019年，面向江西省基层医院的首届"沪赣心血管内科新进展培训班"如期开班。除了培训项目，由基金资助的"心·肝宝贝"计划也于2017年正式启动。四年来，中国科学院院士、复旦大学附属中山医院院长樊嘉教授和中国科学院院士、上海市心血管病研究所所长葛均波教授亲自带领团队，成功救助来自各地区贫困家庭的14位肝脏疾病患者和46位先心病患儿，这也是首个由三位院士亲自参与的医疗慈善公益项目。

2019年，陈灏珠被授予中华人民共和国成立70周年纪念章。他轻轻拿起纪念章深情地一吻。这一吻的背后，是他从医、执教、科研整整70年的艰苦奋斗，是他对国家、对人民、对事业的无限热爱，从步入神圣的医学殿堂那天起，他就时刻关爱着世间每一颗跳动的心。2020年10月30日，陈灏珠因病医治无效在上海逝世，享年96岁，但他的人格魅力和精神力量必将激励着无数后来人迈向新的辉煌！

作者为复旦大学校友、《拓医学路 逐中国梦：陈灏珠传》作者之一

数学大师的家国情怀与科学事业

虞 彬

　　谷超豪先生是一位很有影响的数学家。我最初是通过他的著述认识他的，特别是他首次阐明的关于杨－米尔斯场的存在定理的著作。这项由一位数学家完成的关于物理问题的工作是谷先生独特、高雅、深入、多变的工作风格的典型范例。他是一位向难题——有时是几何学，有时是物理学方面的问题进攻，并解决难题的偏微分方程专家。

这是法国科学院院士 Y.Choquet–Bruhat1988 年在法国科学院院士大会上对谷超豪教授的介绍词。这段话同样引起了中国数学界的共鸣，大家一致认为它是对谷超豪教授的数学人生的精妙写照。因为谷超豪教授在纯粹数学和应用数学两方面都做出了重大贡献，于1980 年当选为中国科学院数理学部委员（院士）。他在当今核心数

图 1 谷超豪（1926—2012），浙江温州人，数学家。复旦大学数学研究所教授，中国科学院院士。2010 年 1 月 11 日，获 2009 年度国家最高科学技术奖。亲属提供照片

学前沿最活跃的三个分支：微分几何、偏微分方程和数学物理及交汇点上获得了富有开创性、难度大、在国际上处于领先地位的成果，赢得了国内外的高度评价。

在谷超豪教授的数学生涯中，培养人始终是他的重心。无论科研、教学还是行政工作，他都一贯坚持"育人"的核心。

谷超豪教授长期执教于复旦大学，开设过多门课程，培养了三十多名博士、硕士研究生。在二十世纪六十年代担任复旦大学数学系系主任期间，他领导和组织了全系的数学教材现代化的工作，并亲自参与编写。在全系教师努力下，编写出了在全国（包括香港地区）有重大影响的数学课程全套教材（如数学分析、数理方程、

连续介质力学等），由高等教育出版社出版。谷超豪教授曾于 1982 至 1986 年任复旦大学副校长兼研究生院院长，从 1986 年起任复旦大学数学研究所所长，并于 1988 年被国务院任命为中国科学技术大学校长。

始终把国家的需要和科研的目标紧密结合

谷超豪教授原来跟随苏步青先生从事微分几何的研究，1956 年，正当谷超豪在微分几何方面的成就引人注目的时候，他却敏锐地看到尖端技术的发展对数学提出了新的要求，根据国家科学事业发展的需要，选定了以空气动力学中的数学问题为切入点，毅然将自己

图 2 1992 年，谷超豪、胡和生和法国科学院院士 Choquet-Bruhat 在一起。亲属提供照片

图 3 1959 年，在莫斯科大学科学博士论文答辩会上做报告。亲属提供照片

的主要精力投入偏微分方程这一新的研究领域中来。

　　1957 年，他前往苏联莫斯科大学进修，对著名数学家嘉当的变换拟群理论做了重要的推进，他还参加了莫斯科大学校长彼得罗夫斯基院士的偏微分方程讨论班，又听了一些流体力学的课程。

　　1959 年 7 月，谷超豪综合了一年多来的多项成果，完成了题为"李－嘉当变换拟群的通性及其对微分几何的应用"的学位论文，通过了答辩，跨越了苏联"副博士"这一等级，直接被授予物理－数学科学博士学位。这种学位的要求很高，莫斯科大学的校长和力学数学系的教授和同事们都向他表示热烈祝贺。

　　谷超豪教授学成归国后，高瞻远瞩地提出要以高速飞行为实际背景，以超音速绕流问题为模型开展研究，在偏微分方程原有理论的基础上逐步实现由线性到非线性、由局部到整体、由低维到高维、由定型到变型、由已知边界到自由边界的过渡。这一对偏微分方程发展趋势的预见，不仅为以后国际上偏微分方程的发展主流所证实，而且指引和带领他的一批学生走上了具有自己特色的偏微分方程的研究道路。从微分几何的研究，转向偏微分方程的研究，再转向数学物理的研究，每转移一个研究方向，就如同从一个高峰又攀登到另一个高峰，谷超豪教授总能以一位战略数学家的眼光高瞻远瞩，把祖国的需要、人民的利益和科学发展本身的需要作为自己科研选题的标准。

甘为人梯，献身科学

谷超豪教授献身科学，不计较个人名利，时常从学科交叉或数学理论本身发展的需要出发，提出有意义的问题，并努力取得突破性的成果，同时又毫无保留地把自己的学识传授给年轻人，所以，谷超豪教授的工作富有前瞻性和原创性，并为后来的工作留有很大的发展空间。他经常教诲年轻人要严谨、踏实地做学问，他在指导学生写论文时，经常会提出一些创造性的构想，但不愿在文章上署名。

谷超豪教授的研究涉及微分几何、偏微分方程和数学物理的多个领域。每当他开拓出一个新领域，并做出开创性的贡献后，他就毫无保留地传授给学生，把学生推上这一领域的前沿，而自己又去开拓另一新领域。

谷超豪教授在 20 世纪 60 年代初率先解决了空气动力学方程组的平面超音速机翼绕流问题，比美国著名数学家 Schaeffer 等人的相应结果早了十几年。在此基础上，他的学生李大潜院士在这一领

图4 1987年，和学生们（左一周子翔、左二成庆明、右一林峻岷、右三丁青）在复旦校园数学楼前。亲属提供照片

图5　1983年，和苏步青先生（右一）在复旦大学数学系图书资料室。左一为李大潜。
亲属提供照片

域里建立和发展了迄今为止最完整的局部解理论，并在美国出版了
专著。

混合型方程的研究与跨音速飞机的设计密切相关，在偏微分方
程领域是公认的困难领域，谷超豪教授的研究在这一方向上取得了
重要的突破，被美国数学家访华代表团称为"十分新颖和相当重要"
的工作。他的学生洪家兴院士把谷超豪教授的上述技巧和思想应用
于微分几何中等距嵌入问题的研究，取得了重要的进展，并曾应邀
在2002年国际数学家大会上做了45分钟的报告，引起国际同行的
广泛关注。

谷超豪教授自1974年起从事钝头物体超音速绕流的计算，为

我国研制中程导弹、洲际导弹的重大国防科研项目做出了重要贡献。在这些工作的基础上，他的学生陈恕行院士首次给出了三维锥体超音速绕流的严格数学证明，引起了国际同行的高度评价，获得了国家自然科学二等奖。

正是在这种不断进取的精神熏陶下，复旦大学培养出了包括李大潜院士在内、涉及多个研究分支的一支充满活力和高水平的研究队伍，其他高校和研究机构也获得了许多优秀的高级数学人才。

谷超豪教授诲人不倦，热心扶持后学的道德风范有口皆碑，深受人们的敬重。他承前启后，把前辈师长苏步青先生倡导的优良学风发扬光大，使复旦大学立足国内又时刻瞄准国际前沿的科研梯队生生不息，代代相接。

坚持教学和科研相结合

谷超豪教授一贯坚持教学和科研相结合，坚持将出成果和出人才紧密地结合起来。

边学边教，把国际上最新的科研成果融入课堂的教学中是谷超豪教授教学中的一个特点。谷超豪教授 1959 年从莫斯科大学取得博士学位回国后，根据国家的需要，开展了与超音速流密切相关的空气动力学及数值计算的研究。他边学边教，开设了空气动力学和差分法的新课程，培养和带出了一批力学和数值计算方面的新生力量，其中的代表就有现为中科院院士的李家春、郭柏灵等。在教学和培养研究生的过程中，谷超豪教授坚持高标准，突出一个"严"字。中科院院士穆穆教授，当研究生前没有经过系统的本科训练，谷超豪教授对他给予了精心的培养，甚至推迟了他的博士答辩时间，以使他有足够的时间理解大气物理相关模型的机理。在穆穆获得博士学位后，谷超豪教授把他推荐到当时的中科院大气物理所所长门下做博士后。

谷超豪教授几十年来都是这样要求自己的。他严谨的学风和不断进取的精神是科研工作者的榜样。他发表了 130 余篇数学论文，其中 100 篇是个人独立的工作；出版专著和教材 7 部。

在谷超豪教授的研究生和他精心培养的学生中，有 10 多人先后当选为中国科学院院士或中国工程院院士。谷超豪教授不断努力学习，在教学和科学研究中求新求精，在基础课教学、专门课程教学、研究生教学中，严格要求，做出了突出成绩。

成果丰硕，荣誉等身

1974 年，著名物理学家杨振宁教授访问复旦大学。谷超豪教授、他的夫人胡和生院士和杨振宁教授在规范场理论的合作研究中获得了一系列成果，杨振宁誉之为卓有成效的合作。杨振宁教授把谷超豪教授的研究比喻为："站在高山上往下看，看到了全局。"谷超豪教授的《关于经典的杨－米尔斯场》在《物理报告》上以英文专册形式发表，这是中国大陆科学家第一次在这本著名的杂志上出专辑，该杂志还破例加上了中文前言。

20 世纪 80 年代，谷超豪教授开创了波映照的研究方向，引发了国际上许多著名科学家的后续研究，谷超豪教授的文章已成为这一领域的经典型引文。

图6 1974年，合作研究规范场（左起依次为胡和生、苏汝铿、郑绍濂、孙鑫、谷超豪、严绍宗、杨振宁、沈纯理、夏道行、李大潜）。亲属提供照片

谷超豪教授是一位在国内外享有盛誉的中国数学家：1994年当选国际高等学校科学院院士；1995年美国富兰克林研究所授予杨振宁等三位著名物理学家特别奖时，特邀谷超豪为国际科学顾问委员会委员；1995年任 Review in Mathematical Physics（《数学物理评论》）杂志合作编委；2002年任国际数学家大会科学顾问委员会委员。他还担任中法应用数学研究所学术委员会中方主席（法方主席是法国科学院院长 J. L. Lions）。

在2002年国际数学家大会上，国际数学联盟主席帕利斯把谷超豪列为"培育中国数学之树"的少数几个有贡献人士之一。

时代记住了谷超豪教授的卓越贡献，他获得了多项重要奖励。

他获得的重要科研奖励包括：全国科学大会奖（规范场的数学结构研究，1978，国务院，第一获奖人），国家自然科学奖二等奖（非线性双曲型方程组和多元混合型偏微分方程的研究，1982，国家科委，第一获奖人），国家自然科学奖三等奖（经典规范场理论研究，1982，国家科委，第一获奖人），国家教委科技进步奖一等奖（调和映照和规范场，1986，国家教委，第一获奖人），国家教委科技进步奖一等奖（多元混合型方程，1987，国家教委，第一获奖人），华罗庚数学奖（1995），何梁何利科技进步奖（1995），上海市首届科技功臣奖（2002），何梁何利科技成就奖（2005），国家最高科学技术奖（2010）。

他获得的重要教学奖励包括：全国先进工作者（1956，全国总工会），上海市优秀教育工作者（1989，上海市教委），全国教育系统劳动模范（1993，国家教委），国家教委优秀教材奖（1995，国家教委），柏宁顿孺子牛金球奖杰出奖（1995，柏宁顿教育基金会），上海市教育功臣（2008，上海市人民政府）。

　　谷超豪教授把毕生精力和心血都献给了中国的教育事业，无愧为新中国知识分子教育强国的优秀代表。谷超豪教授的理想信念令人钦佩，人格魅力和亲和力令人折服，一生追求进步、不畏牺牲的革命精神，心系祖国、赤诚报国的爱国精神，坚持真理、潜心治学的科学精神，为人师表、甘为人梯的育人精神和淡泊名利、无私忘我的奋斗精神永远值得我们学习。

　　作者为复旦大学数学科学学院党政办公室主任，助理研究员，谷超豪教授生前秘书

追忆陆谷孙先生

谈　峥

陆谷孙先生逝世于 2016 年 7 月 28 日下午 1 点 39 分。

那天原来是烈日炎炎，到了下午忽然风雨晦暝，电闪雷鸣。大人物的去世，我想大概都是这样的吧。

这次写陆师的时候，我想努力把他这个人写出来，因为我曾起草过他追悼会的悼词，很怕会把他丢失在各种头衔、奖项、荣誉和著作的题目里，我想把他作为一个活生生的、有风骨的人写出来。

一

最早认识陆师，大概是在 1987、1988 年，我大四的时候，他给我们上"英美散文"课。他当时应该是四十七八岁。

陆师那时给我的最深印象，就是声如洪钟，讲课时的声音，在

图1 20世纪90年代的陆谷孙先生（右）、黄源深教授（中）和陆国强教授（左）。亲属提供照片

教学楼的走廊里好远就能听见。

在给我上过课的老师中，只有两位有这样穿透力强的声音，一位是陆师，还有一位就是研究语言学的程雨民老师了。我们入学时，程老师正做复旦外文系的系主任。

这种声音，也许就是古人相书上所谓的"贵声"吧，贵人的声音。两位先生虽都没有做大官，也不追求做大官，但在学界，在学生，乃至社会上普通人的心目中，都享有崇高的地位，这就是真正的"贵"了吧。

陆师上课的洪亮声音，从一个侧面说明了他上课其实是很用力的。这门课他一直坚持讲授到 74 岁，直到他因腔梗住院后才停止，两年之后他就去世了。

后来读他的文章《英文系里那三个大佬》，才知道他读硕士时的导师徐燕谋先生，在他本科时也教过"英美散文"这门课。所以，陆先生的这门"英美散文"课，还真是渊源有自。

陆师在这门课上所教的文章，至今还给我留下深刻印象的，有乔治·奥威尔的《射象》（"Shooting an Elephant"），弗吉尼亚·伍尔芙的《飞蛾之死》（"Death of a Moth"），麦克斯·比尔博姆的《送别》（"Seeing People Off"）等。陆师后来以编词典出名，所以社会上有人误以为他是另一位以编词典出名的老先生葛传椝的弟子，其实不是，虽然陆师和葛先生在《新英汉词典》编辑部共事甚久。

他在给我们上课的时候，还同时在做《英汉大词典》的主编，每天都有车来接他去编辑部上班，工作量很大。但他视教学为教师的天职，从来没有放弃过。

后来他曾对我们说，自己刚做教师时上课前会很紧张，就仗着年轻精力好、记性好，第二天要上课，前面一天就把要讲的内容全部背下来。后来年纪大了，虽然不再把上课的内容背下来，但上课的前一天晚上，有时还是会兴奋得睡不着。

想想看，一个六七十岁的老师，在上课之前，还会因为要面对学生而兴奋得睡不着，这是什么样的一种精神！

二

认识陆师之后，我就常常去他家里聊天。因为知道他忙，不敢

图2 陆谷孙先生，摄于1991—1992年在香港三联书店任高级编辑期间。
亲属提供照片

久坐，一般只聊个半小时、一小时。有时陆师谈得高兴，也会"失控"，甚至会谈到他年轻时谈恋爱的情况。这样的聊天，我当时的同窗好友王时芬、女友（也是后来的妻子）范千红有时也参与。

他跟我谈及过那时从学于徐燕谋先生的情况。徐先生为人朴素，教他们时总是剃一个板寸头，穿黑布鞋，穿一袭旧的中山装。在文字上，陆师喜欢用源于拉丁语、法语的华丽大词，徐先生则力主多用源于盎格鲁－撒克逊人语言的简短、朴素词汇，故徐先生常在陆师的作文上批上要"力戒藻绘"等评语。徐先生秉承中式老师的传统，从不当面夸奖学生。只是到了晚年，才会在陆师背后和别人面前称赞陆师。在这点上陆师和徐先生不同，常常对我们学生有鼓励之言。

我们虽未见过这位"师爷"，但陆师转述的他的言行，也间接地对我们发生着影响。

陆师还曾谈到他1982年与外文界的几位前辈如杨周翰先生等同赴英国参加国际莎学会议，他的论文《逾越时空的哈姆雷特》还被收入剑桥出版的《莎士比亚概览》的情况。陆师还谈到过他在1984年赴美国加州大学伯克利分校做富布赖特高级访问学者的情况。他在那里结识了后来蜚声国际的新历史主义莎评学者斯蒂芬·格林布拉特，后来我在1998年去哈佛大学做访问学者时陆师还介绍我去见他。

陆师还谈到过1990年朱镕基访问香港，他担任首席翻译的情况。朱镕基与港督卫奕信会谈时，卫奕信引了莎士比亚的剧本《哈姆雷特》里"存在还是灭亡"这一段著名独白里的话。陆师笑道："这还不是'大路'莎士比亚，所以我就接着背了下去。"他对莎士比亚的熟悉程度，让港督大为吃惊。

当然，陆师在谈这些话题的时候都是兴之所至，讲到哪里就是哪里，并不按时间顺序。

三

陆师门墙高峻，当时虽任教授、博导已有多年，却一直没有收过学生。1995年，我硕士毕业留校在复旦教书已有三年，他终于开始招收博士研究生。陆老师可以带词典编纂学和莎士比亚研究两个专业的博士生。因为觉得编词典这种工作和我的性情不合，所以我没有报考词典编纂学专业，而是报了莎士比亚研究专业。

我经过笔试、口试，也承蒙陆师看得起，终于被他收录为他的第一个博士研究生。不久以后，又有了词典编纂学专业的于海江、高永伟等师弟，还有了何翔、吴简清等硕士研究生同学。

做陆师学生后有一件给我印象比较深的事，就是他让我去邮局替他给一位在北京的老师寄钱，资助他晚年的生活。

这以后，发现陆师类似的事对我来说是家常便饭了，他一直从自己有限的收入中拿出钱来资助贫困学生和有困难的同事、朋友。20世纪90年代初，陆老师的女儿、太太赴美。陆老师那时有时做香港出版的中文版《读者文摘》的翻译，但是不署名。《读者文摘》的稿酬相对丰厚，陆老师将其所得，分于女儿做学费，分于太太做生活费。他自己当时的经济负担其实也挺重的。

读博期间，从陆老师那里得到的最大收获是，如果我写了文章或做了翻译请他看，他两三天内就会看完，提出细致的意见，有时甚至介绍编辑给我发表。

2000年我毕业获博士学位，这以后又一直和陆先生做同事。

图 3　陆谷孙先生与妻子林智玲、女儿陆霁摄于 20 世纪 70 年代。亲属提供照片

　　陆谷孙先生是一个有风骨的人。他向往莎士比亚在《哈姆雷特》中所写的"身虽囿核桃，心为无限王"（I could be bounded in a nut shell and count myself a king of infinites pace）的生活境界，秉持的是中国知识分子"穷则独善其身，达则兼济天下"的处世态度。

　　在"文革"期间他会尽力把自己的学问和工作做好，但在环境合适的时候，他也愿意做一些行政工作，因为这有助于推广他关于教育和学校管理的理念。他在 1996 至 1999 年间任复旦大学外文系系主任，2003 至 2006 年间任复旦大学外文学院院长。

　　他策划设立复旦大学外文节和"白菜与国王"系列讲座。外文节丰富了复旦的校园文化，"白菜与国王"系列讲座则邀请各行各业的知名人士来复旦讲演，开阔了学生的眼界。陆师做院长时还制订了一些好的制度，比如定期编制"院务简报"，把学院领导层开会讨论决定的事务，定期公布给全院，事实上是让院务管理透明化。这些做法，也为继任的学院领导们所继承。

陆老师并不是一个局限于书斋生活的学者。我觉得他的身上兼有学问家、管理家、活动家、交际家、宣传家等的素质。

四

编词典的工作有什么特点呢？我觉得一个是琐碎，还有一个是总量巨大。《英汉大词典》最后收词二十万条，总字数约一千七百万字，都是一个个词、一个个句子地抠出来的。

陆老师当时给我们看过他作为主编改过的校样，每一页上都是他密密麻麻的修改意见。

陆师五十多岁的时候去体检，医生就说他的视网膜老化得厉害，像七十多岁的人的视网膜。

我觉得，在陆师身上，有一个文学家，也有一个词汇学家或词典编纂家，但因为时势和机遇，他后来主要从事的是词典编纂的工作，所以他身上的那个文学家常常因为编纂词典而感到痛苦。

从《英汉大词典》编辑室下班回家的陆师，晚上还要看稿，那时候他抽烟，喝咖啡，喝三星或张裕白兰地这样烈性但品质不是很好的酒，用他的话来说是"刺激神经"，来保持对语言的敏感度。我觉得那段时间对他身体的伤害很大。

他主编的《英汉大词典》上卷出版于1989年，获得了中国图书一等奖；下卷出版于1991年，获上海市优秀图书特等奖；全书获

1993 年中国首届国家图书奖和全国"五个一工程"奖；1994 年获上海市哲学社会科学优秀成果特等奖。但陆师说，"拿着一本书，到处获奖有什么意思？"

所以，他后来又推动《英汉大词典》的修订工作，并在这过程中锻炼学生，逐渐把担子交给了高永伟、于海江、朱绩崧等。

五

陆谷孙先生在世时，没有人称他为书法家，我也没见过他写毛笔字。但在 2020 年 11 月 18 日到 12 月 31 日期间，复旦大学文科图书馆在六楼特展厅举办了陆谷孙先生手稿展。这次手稿展上展出的他的书迹，都是用钢笔字与签字笔所写的。从手稿上可以看到，他的字迹遒劲，锋芒毕露，在金钩铁画间透出勃勃英气。

听陆先生讲起过他的童年，他幼年丧母，长姐便担起了许多母亲的职责，对他督责极严，包括逼迫他写毛笔字。写得不好，还要挨"拧"。看来他很早就打下了书法的"童子功"。中国传统文人一直重视书法，这虽然和以前科举考试看重书法有关，但也是因为他们相信"字如其人"，把字看成是自己的一张名片。重视书法，也是陆先生身上传统的一面。

在这些手稿中，最吸引我目光的，是他写给文汇报社陆灏兄的一封信，应该是对陆灏约稿信的一封回信。里面有陆谷孙先生所写的一首七言律诗：

轻歌妙舞正繁华，

图 4 1996 年 10 月，陆谷孙先生（中）与学生谈峥（左）和文汇报社陆灏（右）的合影。作者提供照片

我尚飘摇未有家。

身似孤鸿栖海上，

心随明月到天涯。

春来花好无人赏，

客里愁销有酒赊（尾音读作 a）。

尘世论交今几个，

漫将往事诉寒鸦。

"赊"字后的注解为陆先生所加。这个字现在普通话里读阴平声"she"，但在中古音里读下平声"sha"。他怕人以为他出韵，故特地自做注解，这也是陆先生为人仔细的一面。此诗应作于 1991 至 1992 年陆先生在香港三联书店任高级编辑期间。香港当时市面繁华，歌舞升平，而他一人客居香江，故有开头"轻歌妙舞正繁华，我尚飘摇未有家"之语。

这首七言律诗，不说别的，就说韵脚合辙、平仄妥帖、颔联颈联对仗工整，这些现在许多大学的中文系教授都做不到。陆先生有一句名言，那就是"学好外国语，做好中国人"。但我们可以看到，他其实中文也学得很好。

在陆谷孙先生的手稿里，在在处处可以看到他对细节的重视。他的一丝不苟，也是他能成就大学问、大事业的重要原因之一吧！

六

晚年的陆师开始思考自己的"遗产"的问题。他开始整理自己

图5 20世纪60年代，陆谷孙先生与其父陆达成公合影。亲属提供照片

这一辈子的工作，比如把他莎学研究方面的文章，搜集编为《莎士比亚研究十讲》一书；又把他多年来讲授"英美散文"这门课的讲义，在学生的帮助下编为《20篇：英美现当代散文》一书。

也许是感觉到时不我待，他没有放慢速度，反而以加速度前进。

他开始更勤奋地笔耕，写作了许多散文。他的《余墨集》《余墨二集》两本书，收录的主要都是他六七十岁之间的文章。

尤其是在70岁之后，陆师在短短的几年里翻译了李尔的《胡诌诗集》、麦克林恩的《一江流过水悠悠》、格林的《生活曾经这样》以及毛姆的《毛姆短篇小说精选集》。

陆师是个有情有义的人。他幼年丧母，在慈父陆达成公和两位姐姐的抚养下长大。听陆师讲，达成公在 60 岁那年，先食一盘油炸臭豆腐，又进"冰砖"（一种冰激凌）一块，即发急性胰腺炎去世。这以后陆师一直深深怀念父亲。

陆达成公留下了法国作家都德的 10 篇短篇小说的译稿，陆师又补译数篇，集为《星期一的故事》这部父子合译的都德短篇小说集出版，以寄托自己对父亲的孺慕之诚。

七

60 岁左右时陆师开始觉得心脏不好，一开始两次住院检查都查不出什么，后来才确诊是房颤。这时的他开始锻炼，但也只是强度不大的散步。

2014 年他因突发腔梗入院。当时已影响到大脑的语言中枢，陆师想说的话和说出来的不一样。所幸用药对路、及时，血栓溶解，没有留下严重后遗症。

我去医院看他，发现去看他的人很多，大家在病房外排队，每个人进去五分钟。陆师跟每个人都要谈一会儿。当时我就觉得他太累了，即便生病了还是那么累。

见到我，陆师挥着拳头说，他在有生之年一定要编完《中华汉英大词典》！

出院后不久陆师就去参加了《中华汉英大词典》上卷的首发式活动。我没有去，据去参加活动的老同学王时芬说，陆师讲了话之后还给读者签名，到后来连路也走不动了，是出版社的人上去把他从讲台上搀扶下来的。

到 2016 年 7 月 22 日深夜再发脑梗之前，陆师一直都全身心地投入于《中华汉英大词典》下卷的校改工作。他对词典编纂工作的献身精神，可以不折不扣地用"鞠躬尽瘁，死而后已"来形容。

陆师曾说，"编词典就是与时间赛跑"。是的，他一生都在与时间赛跑着！

作者为复旦大学外国语言文学学院教授、博士生导师，陆谷孙先生招收的首名博士研究生

我的博士研究生经历

葛剑雄

我 1978 年考取复旦大学历史系谭其骧教授的研究生，到 1981 年秋季，已经修完全部课程，写好了学位论文，准备答辩了。当年 2 月，五届全国人大常委会第十三次会议已经通过并公布了《中华人民共和国学位条例》，我们成为首批可以申请硕士学位的毕业研究生。我的论文《西汉人口考》经导师谭其骧教授审查合格后，于 10 月 8 日上午举行答辩会。答辩会由华东师大吴泽教授主持，还专门从杭州大学请来了陈桥驿教授，其他答辩委员有复旦大学经济系伍丹戈教授，历史系的黄世晔副教授、吴应寿副教授（临时因故未到）。论文以全票通过，那时只有评语，不评等第。11 月 9 日，学校举行文科学术委员会会议，批准授予硕士学位。

那时研究生毕业留校的基本条件是有上海户口或符合迁入条件。我入学前是上海闸北区的中学教师，户口一直在上海，家属也都是

图 1 葛剑雄，复旦大学文科资深特聘教授，教育部社会科学委员会历史学部委员，中央文史研究馆馆员。祖籍浙江绍兴，1945 年出生于浙江吴兴（今属湖州市），1978—1983 年在复旦大学攻读历史学研究生，获历史学博士学位，1985 年任副教授，1991 年任教授，曾任复旦大学中国历史地理研究所所长、历史地理研究中心主任、复旦大学图书馆馆长，中国地理学会历史地理专业委员会主任，十一、十二届全国政协常委。1986 年摄于美国芝加哥

上海户口。而且按当时政策，读研究生期间保留原中学的人事关系，工资照发，工龄照算。加上我从1980年起已担任谭先生的助手，留校工作毫无悬念。

周振鹤就遇到了麻烦。尽管谭先生一直想把他留下来，并多次找过校领导，但因为他原工作单位在湖南，家属户口也都在湖南，学校无法可想。为此，谭先生在出席第五届全国人大第四次会议期间，在12月8日上交提案《各大专院校研究单位有权留用优异研究生》，请华东师大校长刘佛年代表、华东师大副校长李锐夫代表联署。只是远水救不了近火，等不到提案的处理结果，学校已经将周振鹤的档案转到了湖南某高校。

在此前的7月30日，国务院学位委员会学科评议组首次会议已经通过了首批博士研究生导师名单，历史学科有33人，复旦大学有周谷城教授和谭先生2人，上海还有华东师大的吴泽教授。谭先生希望周振鹤与我继续攻读博士学位，但学校因未接到国家教委的明确通知，一直没有公布招收博士研究生的时间与办法，但同意周振鹤暂不离校等待。

1982年初，学校通知开始招收博士研究生，周振鹤与我办妥报名手续。1月17日下午，谭先生在家里对周振鹤与我做入学口试，历史系分管研究生工作的副主任姜义华与中国历史地理研究室负责人邹逸麟参加，我们俩顺利通过，上报研究生办公室（那时尚未成立研究生院）自然没有问题。到春季开学，我们就被录取入学。我因已留校工作，是在职，应该是全国第一批，甚或是第一位在职博士研究生。

复旦大学第一批博导还不多，不少博士点还来不及招生，全校没有多少博士生，研究生办公室对课程设置和培养要求都还没有具体规定，连政治、外语公共课也没有开，一切都由所在院系和导师安排。谭先生和系里没有为我们开什么课程，我们在学习过程中遇到什么问题，就随时找谭先生。

5月7日，谭先生出席校学位委员会会议，得知有4位数学系研究生已通过论文答辩，申请博士学位。他们没有另外写博士论文，答辩委员会认为他们的硕士论文已经达到博士学位的水平。谭先生在会上提出，周振鹤与我的硕士论文也已达到博士学位的水平，我的论文已经在1981年第4期《中国史研究》上发表，周振鹤论文的部分内容也已发表。但苏步青校长说，数学有国际标准，你们文科没有国际标准，无法衡量。5月27日，党和国家领导人在人民大会堂为新中国首批18位博士（17位理学、1位工学）颁发博士学位证书，其中就有复旦大学的4位。

消息公布后，谭先生与我们谈起，理科可以提交硕士论文做博士论文答辩，文科不可能，所以我们应尽早选定博士论文题目，早日写出高质量的论文。我与谭先生商定，在硕士论文《西汉人口考》的基础上，扩大到全面研究西汉时期的人口地理——"西汉人口地理"。周振鹤也选定了他的题目——"西汉政区地理"。

当时博士研究生人数少，各方面都很重视，经费也充足，我与周振鹤计划做一次历史地理考察。在硕士生阶段，我们曾在张修桂、袁樾方老师带领下到南京、镇江、扬州等地实习考察，这次我们准备走远一点，时间长一点，就打了个报告，申请去新疆、青海、甘肃做为期一个月的考察。研究生办不仅批了，还同意必要时可乘飞机，使用其他交通工具。那时上海至乌鲁木齐的单程机票175元，乌鲁木齐至喀什的单程机票 100 元，上海至北京的单程机票是 64 元，而我一个月的工资才 54 元。后来我们付了 80 元从塔什库尔干县城雇邮局一辆小吉普车上红其拉甫山口。

1982 年 9 月 10 日上午，我与周振鹤从虹桥机场乘飞机到达乌鲁木齐。我们拜访了在新疆社科院工作的几位复旦学长和考古学者，考察吉木萨尔等处遗址和天池。然后乘飞机去喀什，中途经停阿克苏机场。这是一架苏制安 -24 螺旋桨客机，12 排 48 个座位，由于飞行高度低，过天山时两侧的景观清晰可见，反差明显。第一排坐着一对老夫妇，飞机降落后，迎候在舷梯前的人群将他们接上停在旁边的吉普车，前后几辆车排成一列驶出机场。事后在当地报纸上见到报道，钱伟长教授到访，并做科普报告。

来喀什前，我们已用复旦大学的介绍信在自治区政府办过手续，还办好了边境通行证。凭这封介绍信，住进了喀什地委的招待所。就在前几天，喀什发生了第一次骚乱，形势比较紧张，当地友人叫我们尽量不要去老城。但我们参观考察的重点就在老城，所以还是去了不止一次。实际上，无论是在清真寺、墓园、巴扎、小巷，遇到的人对我们都很友善，当然也很安全。

去塔什库尔干县城没有班车，只能搭货运车。那时还没有私家车，只有地区交运公司的车，由招待所帮我们联系，找到一辆两天后去塔县的。天不亮我们就等在门前路旁，一辆装满货的四吨卡车如约停下。只有一位驾驶员，我们挤坐在驾驶室内。离城不远就是山路，一路颠簸，还不时遇到路基坍塌，只能绕行便道，或者顺着前车留下的车辙小心驶过。再往前已经停了好几辆车，公路已完全被冲断，无道可绕，只能耐心等抢修工修复。半夜才赶到县城，住

图2　1982年，葛剑雄（后排右二）与边民在红其拉甫山口界碑巴基斯坦一侧。作者提供照片

进唯一的招待所。

　　我们在喀什已办好了到塔县的第二张边境证，到县公安局时得知要去红其拉甫山口还得另外申请。好在我们有经自治区政府批转的复旦大学介绍信，还有前两张边境证，当场就办成了通行证。但公安局没法提供交通工具，介绍我们雇邮局的吉普车。次日清晨，我们由一位警察陪同，首先驶到边防部队驻地，交验通行证后，由一名边防战士陪同到达红其拉甫山口。下车后就见到前面高处的界碑，周围是一个大圆圈，这是中国与巴基斯坦双方都能进入的范围，但不能越线进入对方领土。我们走到界碑前，在中国一侧照相留念。正在此时，从巴基斯坦的公路上驶来了一辆中巴，十来位巴基斯坦边民下车后来到界碑前，热情地与我们握手拥抱，与我们在界碑巴

基斯坦一侧合影。其中一位还邀请我们与他们一起回去，说中国人到他们那边去不需要签证。将边防战士送回部队驻地时，一位军官留我们吃午饭，战士大多来自湖南，吃的是大米饭。下午我们去了石头城，但公主堡路远，而且不通公路，只能放弃。

我们来时搭乘的卡车早已下山，连日没有从喀什来的车，只能干等。几天后来了一辆大客车，是一个歌舞团来慰问演出，等他们回喀什时才把我们带上。从喀什返回时，我与周振鹤分道，他回乌鲁木齐后去伊犁、塔城，我乘长途车经阿克苏回乌鲁木齐，去了吐鲁番，然后经兰州、西宁，在 10 月 10 日回到上海。

我因已在职，承担了所里的科研任务，同时担任谭先生的助手，所以 10 月 14 日至 21 日随谭先生去云南参加《肇域志》整理工作会议，27 日至 11 月 1 日随他至北京参加中科院地学部会议，12 月 13 日至 24 日随他去北京参加《国家历史地图集》会议、去广州参加中国地理学会年会，在上海时也有不少会要参加，不少工作要做，经常到晚上才有写论文的时间。

1983 年 1 月 24 日起，谭先生因需集中审阅《中国历史地图集》修订稿，住进衡山宾馆，我也随同。中间除春节几天回家，一直在那儿住到 1983 年 4 月 1 日。我们合住一个标间，唯一的书桌供谭先生工作，白天连床上都放着图稿、书籍。谭先生习惯于工作到深夜，我只能利用他午睡的时间记下一些想法或写片段。4 月 9 日至 17 日，我又随谭先生赴京参加《国家历史地图集》会议和中国史学会代表会，26 日到 5 月 1 日去洛阳参加中国地方史志年会，但终于在 4 月中旬完成论文初稿。谭先生的日记上记着：4 月 26 日，"下午看葛论文，至晚十一点，计看 45 页"；27 日，"归室看葛论文……看葛文至十一点"；5月6日，"开始看葛论文第二部分"；8日，"上下午、晚看葛文至后一点"；9日，"看葛文四十页"；10日，"上下午看葛文毕"；6月8日，"下午修改葛、周二人博士论文评语"。

1983年春季开学时，北京传出消息，国家要集中办好5所"超级大学"，复旦名列其中。在全国首批18名理工科博士中，复旦占了4名，但文科还没有博士，如复旦能获得首批，更能显示实力。姜义华教授认为，周振鹤与我最具备条件，多次向校领导和研究生办汇报，获得同意。经校研究生办汇报沟通，教育部与国务院学位办原则上同意我们提前毕业，进行论文答辩，但必须修完全部课程并考试合格。专业课好办，由谭先生根据我们已发表的其他论文和实际水平评定成绩。政治课、英语课没有开过，就为我们单独命题考试，有了成绩。但博士生要求有第二外语，幸而周振鹤和我在硕士阶段都选了英语、日语两门，并且都参加考试取得成绩。我们就提出，用硕士第一外语的成绩代替博士第二外语成绩，研究生办认可。等我们写出学位论文，并经谭先生审阅通过，已经万事俱备，只欠东风了。

研究生办尚未制订博士论文答辩的规则和通过的标准，为慎重起见，将我的论文广泛送审，审阅过这篇论文的有：中国社科院历史研究所杨向奎、孙毓棠、王毓铨、林甘泉，中国科学院地理研究所吴传钧、黄盛璋、钮仲勋，北京大学侯仁之、周一良，陕西师大史念海，山东大学张维华、王仲荦，武汉大学石泉，兰州大学赵俪生，南京师大李旭旦，杭州大学黎子耀、陈桥驿，西安师专曹尔琴，上海人民出版社胡道静，华东师大吴泽、胡焕庸，上海师院程应镠，复旦大学周谷城、蔡尚思、吴斐丹、杨宽、伍丹戈、吴应寿等。

7月11日一早，学校让我通知谭先生10点到校长办公室参加学位评议委员会会议，在会上通过授予日本茅诚司教授荣誉博士学位，同意周振鹤与我在8月进行博士论文答辩。谭先生亲自联系，请了北京大学侯仁之教授、陕西师范大学史念海教授、中国社科院历史研究所杨向奎教授、杭州大学陈桥驿教授、华东师范大学吴泽教授、上海师范学院程应镠教授、复旦大学杨宽教授为答辩委员。8月上旬，万里副总理赴汉中视察水灾，临时通知侯仁之先生同行。侯先生为了不耽误来复旦参加答辩，只能返程时在西安下专列，乘飞机来上海。北大特意派青年教师高松凡一路随行护送。

因属全国首次，答辩会的举行必须由教育部副部长兼国务院学

图3 前排右起依次为杨恺（市政府顾问）、王元化（市委宣传部部长）、谭其骧、谢希德（复旦大学校长）、汪道涵（上海市市长）、吴锐（云南图书馆馆长）、华中一（复旦大学副校长），后排右一为葛剑雄。作者提供照片

图4　1983年10月19日，谢希德教授给葛剑雄颁授博士学位证书。作者提供照片

位办主任黄辛白批准，但学校上报后一直没有收到批复。研究生办电话联系，得知黄辛白在哈尔滨开会，立即派人赶到哈尔滨，终于在答辩会的前一天拿到批文。

8月13日上午，由史念海教授主持周振鹤的论文答辩，谷超豪副校长全程参加，副所长邹逸麟教授和研究生办杨波洲主任列席。14日上午，由侯仁之教授主持我的论文答辩。两篇论文均全票通过。

10月8日上午，校学术委员会召开会议，讨论通过授予周振鹤和我博士学位的决定。19日下午3点，在数学系楼礼堂举行授予茅诚司名誉博士，周振鹤、葛剑雄博士学位的仪式。会前下着滂沱大雨，我们都早早来到会场。姜义华先生发现红底白字会标上的"博"字写错了，临时找来白粉笔涂改修正。据说4位到人民大会堂去参加颁证的博士由学校每人补助110元置办西服，我们没有西服，也来不及做，约定都穿中山装，戴上校徽。我有结婚时做的哔叽中山装，周振鹤家不在上海，宿舍里没有，向同学借了一件。

礼堂的主席台不大，坐着专程从北京来的国务院学位办公室副主任、谢希德校长、苏步青前校长、茅诚司教授夫妇等和教师代表朱东润教授，谭先生坐在台下第一排。周振鹤和我从谢校长手中接过博士证书后，走到谭先生面前向他鞠躬致谢。

图5 谭其骧（中）（1911—1992），中国科学院院士，中国历史地理学科主要奠基人，首批博士研究生导师，时任复旦大学中国历史地理研究所所长。葛剑雄（右一），周振鹤（左一）。《解放日报》记者摄。作者提供照片

会后《解放日报》记者为我们三人合影，第二天的报纸上刊登了这张照片和我们第一批获文科博士学位的报道。

10月27日，汪道涵市长会见并宴请《肇域志》整理工作会议全体人员，谢希德校长向他介绍我时，他高兴地向我祝贺，并说："今后这些工作就要靠你们了。"

获博士学位后，周振鹤留校工作，不久家属户口全部迁入。本来我们应该获得职称晋升，但当年教育部整顿职称评审工作，全部冻结，1985年恢复，我们都晋升为副教授。我的论文《西汉人口地理》1986年由人民出版社出版，次年周振鹤的论文《西汉政区地理》也由该社出版，也是全国首批。

1978年，31岁曹景行和妻子一起走出大山

卢梦君

　　曹景行认为自己的人生被一分为二，分水岭便是1977年邓小平主持的那场科教工作座谈会。座谈会前，1947年出生的他是从上海来到黄山茶林场的知青，因为父亲曹聚仁的"海外关系"备受困扰，几乎已抱定决心和妻子在黄山扎根。在1977年8月举行的座谈会上，对招生制度改革的呼吁，得到座谈会主持人邓小平的拍板。会后，因"文革"而中断11年的高考恢复，几百万知识青年重新获得了知识进修的入场券，人生轨迹因而发生转折。

　　曹景行参加了1977、1978年两次高考，终于在31岁时拿到了复旦大学历史系的录取通知书，和考入复旦大学化学系的妻子蔡金莲走出大山。毕业后，曹景行先是在上海社会科学院世界经济研究所从事研究工作，蔡金莲则被分配到上海中医学院边教书边做研究。

图 1 曹景行（1947—2022），生于上海，1978 年考入复旦大学历史系。曾任凤凰卫视资讯台副台长及时事评论员、清华大学新闻学院高级访问学者。现为自由媒体人。图为曹景行夫妇在黄山茶林场。曹景行提供照片

　　20 世纪 80 年代末，两人又共同移居香港，开始新的打拼。曹景行转而进入传媒业，历任《亚洲周刊》副总编辑、《明报》主笔、中天新闻频道总编辑、凤凰卫视资讯台副台长等职；蔡金莲亦兜兜转转，最终落定在香港中文大学任教。

　　2018 年 6 月 1 日，在上海同澎湃新闻谈起 40 年前的这段经历时，曹景行仍然对当时的诸多"偶然性"感慨不已——如果邓小平不是在那个时间复出，如果座谈会直到最后一天都没有人提出改革考试制度，如果……那么他和妻子的人生都不会是现在这样。

"文革"后，没想过还能再高考

1966 年"文革"全面开始后，高考就停止了。这一年原本应是曹景行从上海市西中学毕业的年份，等待他的却是 1968 年的知识青年上山下乡运动。"老师说，或者去崇明或者去黄山，问我要不要去黄山，我同意了。内心也觉得跑远一点算了。"曹景行内心生出的"避走他乡"的想法，源于父亲曹聚仁不能公开说明的工作以及"海外关系"。

曹聚仁是国学大师章太炎的弟子，曾在复旦大学担任教授，亦是国内有名的报人，全面抗战爆发后，曹聚仁走出书斋成了战地记者。1950 年，曹聚仁只身前往香港，羁留港澳 22 年直到去世。其间，他作为"中间人"反复奔走于大陆与台湾之间，主张两岸和平统一。

曹景行清楚父亲从事的工作的重要性，但在当时无法向外人说明。

在黄山茶林场，曹景行一待十年，工作内容从扛木头、挑担子、种水稻，到下车间。其间，他结识了上海姑娘蔡金莲，两人在 1975 年结婚。"那时候完全不知道以后会怎么样，凭着一股热情响应上山下乡的号召，想在那里'大有作为'。"在茶林场，蔡金莲一开始的工作是种田采茶，后来调到场部政宣组，管理资料室。

有关在茶林场的日子，曹景行夫妇在为《知青部落——黄山脚下的 10000 个上海人》一书撰写的前言中写道，黄山给了他们承受力。"从春至夏的农忙日子，每个早上天还没亮就被广播喇叭惊醒，天黑好久才收工回到宿舍，瘫在床上就起不来，常常连洗把脸的力气都

图2 曹聚仁。曹景行提供照片

没有了，沉睡不了几个小时又被广播喇叭惊醒。一个星期七天，连续几个星期没有一天的休息，这就是承受力。"

在日日夜夜的劳作中，曹景行心中并不对高考抱有希望，后来恢复工农兵学员，看到别人读大学的他虽然感到羡慕，但考虑到家庭成分继而否定了自己这点微薄的希望。"'文革'以后，我就没有想到过还能高考。因此1966年以后，英文一个字都没有再碰过。"同样的想法也存在于蔡金莲心中。婚后，两人住在黄山茶林场分的一套十几平方米的房子里，很快就有了孩子。好在两个人没有放弃阅读。"每天干活很累，总想看点东西，精神上才能不空虚。"曹景行说自己那段时间什么书都看，马列的、历史的、科技的、自然科学的，为了工作甚至还学习了金相学。

蔡金莲所在的资料室也为夫妇俩的阅读提供了原料。她回忆，资料室里的书籍类型不多，大多是些马列著作、历史读本、翻译过来的人物传记等。"平时劳动很累，从早到晚，到了晚上就看一些，不管看得懂看不懂都看，填补空闲时间。"

无心的"准备"，终于让曹景行夫妇等来了"机会"。

"录取复旦，景行历史，金莲化学"

"1977 年夏天，各方消息都来了，说要恢复高考。我们同龄人几乎都开始心动了。"谈到这里，曹景行有些激动。匆忙拾起考试的青年们没有充足的时间和资料。曹景行回忆，当时大家都用手抄题目，传来传去，中学课本和教辅都是抢手货，各地新华书店内的这类书籍全部卖光。蔡金莲也说，当时是抱着试试看的心情报考，只不过想着可以多一条路，没有时间也没有资料复习，都是靠以前的积累。

1977 年 10 月 21 日，新华社、《人民日报》、中央人民广播电台等媒体都以头条新闻发布了恢复高考的消息。12 月 10 日，570 万考生走进考场。这是迄今为止唯一的冬季高考，曹景行和蔡金莲是 570 万考生中的两个。两人在黄山茶林场场部参加了考试，曹景行的分数过线，蔡金莲没有过。原因是，刚调到场部小学教书的蔡金莲，不仅要忙着带孩子，还要同时备课、上课。

尽管自己高分过线，但曹景行没有能够通过体检。"冰天雪地里，厂里用大卡车装着我们去太平县体检。因为我说自己生过肝炎，一个不及格图章就上去了。同行的金光耀（现任复旦大学历史系教授）因为血压稍微高了一点，也被挤出去了。"当时茶林场的知青们分析，是安徽方面不希望上海知青占用安徽名额，分数好的，在体检中，一点小病就被刷下来。"后来想想，还好当时没考取，如果考取了我一个人去上学，我妻子还留在场里。而且弄不好也是比较远、

图 3 曹景行和妻子蔡金莲1978年入学复旦大学时的照片。曹景行提供照片

比较差的学校。"曹景行说。

1978年，曹景行被派到上海崇明新海农场工作。在新海农场，又要干活又要开会，每天都是工作到十点以后。他选择在一天工作结束后，躲在蚊帐里看一小时书，两三个月下来，复习了数学、化学，到最后物理实在来不及了，原本想学化学的他最终选择了文科。

蔡金莲则从上中学的时候就喜欢数理化，尤其化学是强项，因此选择报考理科。1978年7月，夫妇俩在各自所在的农场再次高考，两人双双过线。这一次，他们和其他黄山茶林场的知青们都被算作上海考生。体检后没多久，已回到黄山的曹景行接到了母亲从上海拍来的电报。电报内容很简单："录取复旦，景行历史，金莲化学。"黄山茶林场也给夫妇俩带来了录取的消息。"1978年，整个政策感觉跟1977年很不一样，尽可能把学生中能读大学的招收进来。后来一些同学也说，当时如果稍微卡一下就进不了大学了。1978年，可以说是最后一批像我们这个年龄的人读大学的机会。"曹景行说。就这样，黄山茶林场当年有20多个上海过来的知青考取大学，其中一半是连队干部。9月份，曹景行接到了正式录取通知。但对他来说，心中依然充满了不确定感，"老是觉得可能随时还会有变化，失去机会"。一直到这年10月，他正式到复旦报到、搬进宿舍、开始上课了，这才真真实实感到，自己确确实实读大学了。

"不仅要了解历史，还要知道世界"

相比现在同一级大学生多数由同龄人、同年毕业生构成，1977、1978级大学生年龄差距大，在上大学前的遭遇亦相差甚远。"第一天报到的时候，有的同学都没有离开过家。"被推举为班长的蔡金莲实在看不过去，帮小同学缝被子、照顾生活，也由此被同学们叫了四年的"老大姐"。曹景行笑称自己比班级里最小的同学大了14岁。

"大学四年对我来说，就是读书。"那时的曹景行，只想读书，他甚至劝同班同学，如此宝贵的时光实在不该浪费在读书以外的事情上。

大学期间，黄山茶林场每月依旧给曹景行夫妇发放工资。当时，学校给贫困学生的助学补助也仅有十多块，夫妇俩每月八十多元钱的工资无疑属于高收入。这八十多元，刨去四十元用来购买每个月

图4 1979年，曹景行等在历史系资料室查阅资料。复旦大学档案馆提供照片

的饭票，二十元用来补贴家用、抚养女儿，剩下的二十多元全部被曹景行用来买书。有些书买不到，但是非常重要，同学们只能从老师那里借过来然后手抄。曹景行记得自己曾抄过英国军事学家李德·哈特的《第二次世界大战史》、美国历史学家威廉·曼彻斯特《光荣与梦想》的第一本，等等。

蔡金莲读的理科没有太多需要购买的书，但完成功课依然艰苦。"年轻的同学理解力强，学得快，但我也不甘心，比较努力。"她回忆，大学期间课程排得满满的，不仅要上课还要做实验。周一到周六都在学校，周六下午回家，周日晚上又要赶回来，还好婆婆（曹景行的母亲）帮忙照顾孩子，帮了很大的忙。

说起自己的学习能力，曹景行颇有些自豪。他在入学复旦前，花半个月时间又重读了自己的中学英语课本，这让他在入学后的英语摸底考试中，成为全班仅有的两个拿到60分以上分数的人。也因此，他有了更多时间选修自己感兴趣的其他专业的课程。"入学后，我逐渐意识到，不仅要了解历史，还要认识世界，因为中国开放了，十一届三中全会让我们意识到中国真的开放了，我要知道世界。"就这样，曹景行把美国当代史确定为自己的研究方向。在历史系的课程之外，曹景行又选修了世界经济、国际关系等专业的课程，总共修了180个学分，比学校提出的毕业要求多出了50个学分。

"他把他看到的最好的东西教给我们"

那时的老师，则倾其所有，只想把最好的知识教授给学生。回忆起大学时的老师，蔡金莲用"很尽职"来评价，"那时候没有教材，老师自己找很多资料复印给我们，而且还需要收集和学习世界上新的研究内容和方法"。"以前不让他们讲、不让显示才能，如今老师都太愿意把东西教给你。我们还接触到一些上一代被打倒又复出的'教父'级的人物，例如谭其骧、周予同、周谷城，你能跟这样的人直接接触。"曹景行说。

历史系教授专业英语的陈仁炳老师，是1936年美国密歇根大学的哲学博士，曾经兼任上海市政协副秘书长和民盟中央委员。那时候没有专业英语的教材，已年过古稀的陈仁炳自己选教材，从名著中把他认为最好的段落找出来，自己用打字机打在蜡纸上，然后油印出来分发给大家。"他把他看到的最好的东西教给我们。世界上东西这么多，你怎么知道什么是你应该去看的？比如汤因比（英国历史学家），一句话就是一段文字，把他的语法看透了，看其他书就一点都不难了。"曹景行说。

令其印象深刻的还有教授南亚史的张荫桐老师。2012年，曹景行根据自己两年前去印度采访的经历写作出版了《印度十日》，他形容这本书是三十年后给老师交上的一份迟到的作业。"我所有这些关于印度的种种印象，都只是零星碎片，直到1978年到复旦大学读书，听了历史系张荫桐老师的南亚历史课，才算对印度有了一点真正的了解。"曹景行在书的前言中写道。传言中的张荫桐经历了不少苦难。同学中流传，张老师"在1957年被打成右派后打算出逃求生，就把自己装进一只箱子邮寄出国，不幸在海关被发现，直接就被送到劳改农场，重回复旦时应该已经五十上下"。

"我们做学生的从来没有向张老师求证过这个传闻，也许都觉得开不了口。我倒希望那不是事实，因为对一个文弱书生未免太残忍了。而且，当他重新有资格在复旦大学历史系执教，站在我们面前的讲台上时，一点都看不出他曾经经历的沧桑，平稳的语调中带有些许激情，他就这样对我们讲起了印度历史。"张荫桐的授课为曹景行梳理清楚了南亚史的脉络。"直到今天，关于印度的各种说法好好坏坏都有，我还是习惯于用张老师教给我们的思路来分析评断。"

转折

"后半辈子，走了另一条路。"蔡金莲说。

1982年，曹景行和蔡金莲分别从历史系和化学系毕业。曹景行自己找到了上海社科院的工作，在世界经济研究所从事美国和亚太经济现状研究，蔡金莲则被分到上海中医学院，从事教学和研究。之后，两人移居香港，一个转行新闻，一个继续从事与化学专业相关的工作。曹景行说，大学四年以及之后在上海社科院的大量阅读，为自己从事新闻工作打下了坚实的基础。蔡金莲认为，大学四年学到了很多知识，但更重要的是培养起独立思考的能力，以至之后不断接触新事物，靠自学就能够掌握。当年黄山茶林场的两个不算年轻的年轻人，通过高考，走上了另一条人生道路。

1997年2月19日晚，邓小平与世长辞。忙碌了一整夜报道，天亮后，曹景行与中天同事共同前往新华社香港分社设立的灵堂祭拜。

"香港回归前夕，邓小平是香港回归的决策者，香港社会对邓小平是很尊重的。那天，街上都是前来祭拜的人群。"已经守在灵堂现场的记者问他，为什么要来祭拜？曹景行答道："如果没有邓小平，我今天不可能在这儿接受采访，根本没有可能有今天。"

作者为澎湃新闻记者

珍视亲炙大师的机遇

张　军

其实我们是第二次在相辉堂北堂举行这样的开学典礼，我感到非常亲切。在我进入大学的时候，正堂还不叫相辉堂，叫大礼堂。就是在这礼堂，1984 年 4 月 30 日我与复旦师生一起迎接美国总统里根的访问，并聆听了里根在复旦的那场著名演讲。现在（指 2020 年，本文原为作者在复旦大学经济学院 2020 级新生开学典礼上的寄语）回头算起来，我在复旦已经 39 年了，明年将迎来在复旦的第 40 个年头。

我今天以一个学长、学友的身份跟大家讲几句话，我没有准备稿子。我一直觉得成为复旦人是一生当中最值得珍视的选择。为什么呢？我举这样的一个例子吧。在复旦校园里有很多大师级的学者，不仅有自然科学领域的，更有人文社科的。因为这个原因，前校长杨玉良院士曾经多次说，复旦理科的学者是要多结识一些人文社科

图1 1981 年，张军考入复旦大学经济系，图为 1983 年张军在复旦大学校门前留影。作者提供照片

的学者的。我记得，他在 2008 年走向校长岗位伊始，就去看望了外文系著名的学者、《英汉大词典》的主编陆谷孙先生。我与杨玉良院士后来就跨学科问题也多次深度交流，我从他那里确实学到了很多。

我进大学之后，首先意识到的就是复旦有一大批在数学、物理、化学和生物领域的顶级学者和人文社科领域的大师学者。我记得，我们入学不久被安排到苏步青老校长房子前的花园去做义务劳动，那是我第一次走近苏步青校长的家，而旁边就是大名鼎鼎的陈望道老校长生前居住的小洋楼。你能想象吗？能够走近两位大师的居所，我是什么样的感觉？是的，激动万分。

在大学的那些年，我可以说是个"追星族"，只要有名家的讲座或庆典仪式之类的活动，我都会溜进去，目睹这些著名学者的风采。

除了苏步青校长，像谈家桢、谢希德、王福山、谷超豪、华中一、杨福家，还有人文大师周谷城、郭绍虞、谭其骧、胡曲园、蒋孔阳等诸位名家，我都有幸在不同场合见过并听过他们当中多数人的讲话。这些对我后来的做人和做学问都有重要而持久的影响。

我还记得1983年冬天，诺贝尔物理学奖获得者杨振宁教授来复旦访问，做了"读书教学四十年"的精彩报告，就是在这个相辉堂。因为没有了位子，我就冲到讲台的边侧听报告，不过我发现那里也站满了人。我至今记得杨振宁教授在演讲中提到他的父亲从美国芝加哥大学回国后让他背诵《龙文鞭影》的故事。我当时喃喃自语，《龙文鞭影》是什么书？站在我前面的是一位50岁左右的教授，他回头看了我一眼，轻轻告诉了我什么是《龙文鞭影》。我后来才知道他就是著名的华中一先生，在我攻读硕士学位的时候，他担任复旦大学的校长。

图2 1985年，张军在复旦大学80周年校庆图书展入口处留影。作者提供照片

我虽然读经济学，但确实非常喜欢自然科学。这不是因为我本该去读物理，仅仅是因为我对那些顶级科学家好像有一种本能的好奇与崇敬。我告诉大家前不久发生的事。我从大学时期就非常喜欢阅读著名科学家们的传记。杨振宁先生的传记我收藏了几乎所有出版的版本。不过前不久在整理书架时我发现有一个版本不见了，于是我希望能在孔夫子旧书网上找到它。很幸运，我买到了，更幸运的是，我买到的这本是传记作者题赠著名物理学家周光召先生的，这让我爱不释手。周光召先生是我国"两弹一星"元勋级别的科学家，我也非常关注他。

　　说到周光召先生，我又想到另外一件事。复旦大学出版社大概在两年前出版了我们的前校长杨福家院士的传记，作者是我们中文系的一位教师。杨福家校长送了一本给我并签了名，非常珍贵。一次在从上海去北京的高铁上，我一口气读完了这本书。但我注意到书中有一张照片，是杨福家校长与诺贝尔物理学奖获得者李政道先生以及其他人在纽约的合影。我没有发现周光召先生在照片里，但下方却写着左一是周光召先生，于是我就发短信给杨福家校长指出这个错误。杨校长发现确实没有周光召，照片上的人其实是李政道在北京的一个助手。

　　不用说，那时候我们的学院也拥有一批赫赫有名的大学者。我刚刚进入经济系的时候，就听到了蒋学模先生的大名，他是一位非常有名的马克思主义政治经济学家。后来听人说蒋先生在抗战的时候翻译了大仲马的《基督山恩仇记》。蒋先生的"两本书"成为经济学界的一段佳话，流传至今。

　　今天在座的很多学生刚刚入校，可能并不清楚，但依然要慢慢

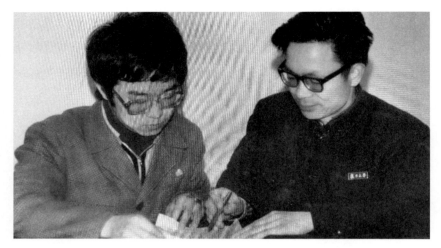

图3 本科时期的张军与时任复旦大学经济系系主任尹伯成教授。作者提供照片

　　图4 1984年，张军（前排右一）与同班几位同学在刚刚完成的黑板报前留影，黑板报报头的山口百惠像为张军用粉笔所画。前排左一为朱国宏，现任上海社科院副院长。作者提供照片

去了解经济学院曾经拥有的那些非常著名的经济学家和他们的故事。我这里要提到他们当中的几位。漆淇生先生，早年在日本留学，师从京都帝大著名的马克思主义经济学家河上肇，成为研究马克思主义经济学的大家。今天在我们学院一楼大堂的墙壁上挂有他写给经济系 1947 届毕业生的寄语，书法相当优雅。

说到书法，我们经济系曾经还有一位大学者夏炎德教授，是我们经济史学界的著名教授，也是早期某民主党派的创始人之一。夏先生不仅写得一手好书法，他早年在伦敦政治经济学院读书的时候还写了一本文学类的书，叫《法国文学史》。

在经济学院，我们引以为豪的先辈还有已故的朱伯康先生、伍

图5　1994 年，张军（右二）与时任中国社会科学院经济研究所副所长樊纲（中）在复旦大学 3016 教室合影。右一为学生汪新芽，现为 BMC 创始合伙人、著名投资家，左二为学生林利军，现为上海正心谷投资公司创始人和董事长、著名投资人，左一为学生韩贤旺，现为上海汇添富基金管理公司研究总监。作者提供照片

丹戈先生、陈观烈先生、宋承先先生、陈绍闻先生、洪文达先生等。经济系的老系主任、出生于 1921 年的张薰华教授，将迎来百岁华诞。当年为我们班级讲授政治经济学的伍柏麟教授已经 92 岁，讲授《资本论》的洪远朋教授、讲授《西方经济学》的尹伯成教授也高寿 84 岁了。能成为前辈师长教鞭下的书生，我很荣幸。

我跟大家一样，能来复旦读书，成为经济学院的学生，让我感觉无比幸运。你们也会像我当年一样，等到 20 年、30 年、40 年后会非常怀念这段岁月，因为你的一生当中仅有这么一段亲炙大师的短暂时光，它所给你带来的荣耀与财富非金钱所能计量。

我们选择的专业和走进的课堂固然重要，但复旦校园能提供给你我的远远不只这些，关键在于你是否愿意做个有心人。我们大家如果都能够珍惜校园里这样的机会，带着好奇心去发现复旦大师们的故事，你的生活会变得更富有激情和妙趣，因为你亲炙大师。

这就是我以一个学长的身份给我们新生们的一个建议，不要错失发现复旦大师们的分分秒秒。谢谢大家。

作者为复旦大学文科资深特聘教授、经济学院院长，复旦大学经济系 1981 级本科毕业，1988 年和 1992 年分别获复旦大学经济学硕士和博士学位，师从著名经济学家宋承先教授

张文宏："书呆子"的"华山"路

吴文恬　陆宁玥

2020年3月26日，傍晚6点30分，张文宏结束了上海市政府临时安排的一场国际连线后，匆匆赶回复旦大学附属华山医院感染科，没有人知道他有没有吃晚饭。他穿着白大褂，戴着白色口罩，露出一对标志性的黑眼圈，面带微笑地走进房间和大家打招呼。

本轮感染还未结束，张文宏很忙。当晚9点，他受中国驻美国大使馆邀请，要去给在美国的留学生和华侨华人做一个直播讲座。晚上11点左右，他还要驱车赶到位于上海市区60千米外金山区的上海市公共卫生临床中心，近期收治的患者让他牵挂。

缘定医学：人生的几个十字路口

2020年伊始，张文宏"火"了。

图1 本科时期的张文宏。复旦大学档案馆提供照片

从1月的"党员先上""不要欺负老实人",到2月的"你在家不是在隔离,你是在战斗",再到3月的"防火防盗防同事"等,张文宏在媒体上曝出了不少"硬核"金句。简洁、耿直、幽默的说话风格使他成了"网红"医生和"硬核男神",为大众所喜爱。

在这次感染中,作为上海市新冠感染医疗救治专家组组长,华山医院感染科主任张文宏像一枚"定海神针",带领团队制订方案,抗击感染流行,并给大众开展科普,带来专业的防护知识,增添信心。

而这一切则源于33年前那个"必然"的决定。

1987年,在浙江省重点瑞安中学就读高三的张文宏毅然放弃了保送进入另一所著名大学的机会,转而考入上海医科大学(现复旦大学上海医学院)临床医学专业。

选择学医,是张文宏经过深思熟虑后的结果:"在中学里我一直担任学习委员,是个'书呆子'。我语文挺好的,作文也挺能写,但是考不上中文系,我数理化都不错,但是(全国)竞赛得不了奖。后来我就发觉自己文科和理科都不拔尖,但是综合能力还不错,而医学就是一门整合了文、理、社会学的综合性学科,是在我看得见、可以理解的范围内,比较适合自己的。"当时上医不仅是全国最一流的医学院之一,在国内外都具有极高的声誉,"所以对我一个乡下人来说，当时能够冲到上海来读书，也是蛮激动的"。

张文宏是上医招收的最后一届六年制本科生，本科六年，硕士三年，再加上博士四年，十三年的苦读奠定了他扎实的医学基础。本科实习时，他被分配到了华山医院传染科（现感染科）。当时传染科主任是被业界称作感染界"福尔摩斯"的著名临床医学专家翁心华教授。

本科毕业时，张文宏一度陷入了两难的选择，一边是心仪的进入感染科工作的机会，一边是研究生入学通知书。在翁教授的建议下，张文宏选择了后者，所以还没有在感染科正式上班他就离开了。

三年转瞬即逝，硕士毕业后张文宏还是心系于此。二十世纪九十年代末，由于世界范围内的经济发展、生存条件改善，以及抗生素、疫苗的广泛使用，许多常见的传染病被攻克，传染病学科发展进入了一个低谷。张文宏回忆："在1996年我刚来的时候，科室里很多比我年纪大的'60后'医生都辞职了，如果当时没有那么多人走我也没有留下来的机会。"

从1996年到2020年，张文宏在华山感染科，一干就是24年。

薪火相传："他会做得比我更好"

自1955年创建至今，不知不觉间华山感染科已走过67个年头。早在创建之初，业内有识之士已认识到，中国的感染病学科应该与国际接轨，与抗生素、公共卫生事业等结合，向"大感染"学科回归。这也是华山感染科三代人多年努力的方向。梳理其学科的发展历程，创始人戴自英获英国牛津大学博士学位后回国，把抗菌药物和感染性疾病的基础概念从西方引进。接班人翁心华把临床感染性疾病的治疗和诊断发挥到了极致。华山感染科在疑难病救治领域展现出的对新发传染病、输入性传染病的强诊断能力，也得益于前辈专家多年的积累。如今担子落到张文宏身上。

2010 年，张文宏开始接任华山医院感染科主任。然而，翁心华等老一辈高超的临床诊疗水平，却让张文宏深感压力，他觉得很难做到与老师比肩。"翁老师对疑难病症的诊断水平可谓'神乎其神'。这完全是他丰富的临床经验和对疾病的了解所形成的本能的一种反应。我们这个学科翁老师如果退休了不来查房，是不是水平会大幅度下降？"

张文宏对于技术储备和基础研究的重视，也源自他在香港大学、哈佛大学做访问学者时的经历。2001 年，张文宏前往香港大学微生物学系进修，时常待在实验室里看他们如何进行传染性疾病的研究。当时香港的整个病毒监测、细菌监测技术都处于国内领先水平，包括 2003 年 SARS 病毒，就是由港大团队率先检测出来的。

一代又一代的接力奉献，奠定了华山感染科在中国感染学科内举足轻重的地位。如今，它连续多年蝉联中国医院最佳专科（感染与传染专科）声誉排行榜第一名。

2020 年 1 月底，82 岁的翁心华在参加临床救治专家组会议时说："17 年前 SARS 时，我做上海专家咨询组组长，想不到 17 年后我的学生替代我来做组长了。他很有能力，他会做得比我更好。"

利剑出鞘："只要有张主任在，我们都不慌"

在进传染科工作后的很长一段时间内，学科发展并不景气，张文宏也曾一度生起了离去之心，但翁心华教授劝他：只要熬过最艰苦的时候，以后总会慢慢好起来的。张文宏对于恩师的教诲深以为然。翁心华在非常艰苦的环境里，几十年如一日践行着自己的初心，"翁教授这一辈子最喜欢的就是临床，永远是那么热忱。带着学生们做了一系列疑难杂症的病例研究，所以他的言传身教对学生的影响是很大的"。张文宏回忆道："我很少看到翁教授对自己的学生发脾气，但为了给下属争取利益，他会跟领导吵架，他做一切都是为了整个学科的发展。"张文宏待人接物的态度也颇受老师的影响。

这次病毒感染中，上海医疗救治组的同事们，说得最多的一句话是："只要有张主任在，我们都不慌。"在平时的工作中，张文宏也是给同事们安全感的存在，年轻医生们都亲切地称张文宏为"张爸"。

他的学生孙峰也说："现在病毒来了，大家都说国家在给老百姓'兜底'，其实我觉得在我们科室也总有一个'兜底'的人，那就是张老师。"

张文宏的工作能力有目共睹，如顶梁柱般担当起整个感染科，在小事上却依旧保持着细心周到。

孙峰记得，有一次张文宏因为走不开，晚上临时通知他代为参加一个在外地的会议，第二天一早出发，时间很紧。"其实我就是感染科的一个普通医生。在我看来张老师只要一个电话就行，后面的事也不用他操心了。"但是，预定航班、出发路线、接机、住宿以及在那里的工作怎么展开等，张文宏都事无巨细地帮孙峰安排好，并在电话里又细细叮嘱了一遍。"他就把你什么事情都想得清清楚楚，这搞得我成了领导一样。你说这是不是暖男？"孙峰笑着说道。

这次感染中，孙峰随华山医院国家紧急医学救援队驰援武汉。临行前，张文宏除了交代他要观察武汉当地情况，看看武汉到底发生了什么，也万般叮嘱他要"注意休息，防护、防护再防护"。

张文宏也非常爱护团队里的医生们，查房时会主动帮助病人建立对团队主治医生或是年轻医生的信任。和新来的病人聊聊共同话题、套套近乎，迅速地降低患者在医院的紧张感。因为是浙江人，如果他遇到家乡人或者附近地区的病人，他也会讲几句家乡话。和做科普时一样，张文宏不会在与病人沟通病情时，纠结于深奥的医学原理，而是更愿意用形象的比喻和比较生活化的例子和病人解释病情，比如"流感不是感冒，就像老虎不是猫"。

2020年1月23日，华山感染科的重症团队随上海第一批援鄂医疗队出征！其后又分别派出了3批华山感染科精英援助武汉。

新冠感染流行以来，留守上海的张文宏在出任上海市新冠肺炎医疗救治专家组组长之外，还带领团队做了很多事情，除了和疾控一起完成第一株病毒基因组的测序，华山感染科在确诊新冠的第一时间，就依托自己的实验室把整个检测系统建立了起来，为救治赢得了时间。"我不会等大家慢慢建，我们自己全部建了。"张文宏说道。

不仅沟通效率高，团队还注重信息的共享。新冠感染流行期间，感染科兵分三路铺开工作。一个团队对接国际，把最新的科研成果写成文章在国际上发表，给全球的救治工作提供最新的研究发现；另一个团队在公众号"华山感染"上向公众开展新冠病毒科普；还有一个团队整理完成中国第一本专业的新冠病毒书《2019 冠状病毒病——从基础到临床》。

正所谓"其疾如风，其徐如林；侵掠如火，不动如山；难知如阴，动如雷震"。

在新冠病毒来袭的第一时间，华山感染科已"利剑出鞘"！

硬核圈粉："病毒不在，你去'红'什么'红'呢？"

大部分人并未见过张文宏在一线忙碌时的样子，但一定见过张文宏在媒体镜头前越来越深的"黑眼圈"，以及他的"硬核"忠告。

作为一名感染科医生，张文宏深谙科普工作的重要性。面对突如其来的高关注度，他十分淡定。"采访、曝光，这不是我的工作内容。对我来说有意义的曝光只是在非常关键的时间点，比如我们国家病毒防治政策出来，或者国际病毒防治策略出来，当所有人觉得不理解的时候，我觉得我们应该发出正确的声音。"与此同时，他和他的团队也在新冠病毒流行期间通过"华山感染"公众号持续向民众做科普宣传，通俗易懂而又非常接地气。深入浅出地普及专业知识，传达信心，破除传播过程中失之偏颇的谣言，使信息传递更准确高效。

在新冠病毒流行初期，他提出了"闷两个礼拜"的策略。短短五个字，却是张文宏深思熟虑后才说的。"'闷'用英语说叫 stay at home（待在家里）。但是，'待在家里'这个表达就远远不如一个

'闷'字，而且'闷'体现了 social distance（社交距离）。'两个礼拜'代表了病毒的潜伏期，用来区分是否感染。但是要让没有学过医的老百姓理解这背后复杂的医学原理，是有一定难度的。"

在感染高峰时期，他白天各种忙碌，晚上奋笔疾书。2 月 2 日，由上海科学技术出版社策划、张文宏教授主编的《张文宏教授支招防控新型冠状病毒》数字版线上发布，反响热烈。随后被翻译成了英语、意大利语、波斯语、越南语等多个语种传向世界。"虽然印了 100 多万册，但是没有收取一分钱版权费，能为全球病毒防治做出贡献，我们觉得欣慰无比。"张文宏说。

面对自己的意外走红，张文宏表示，在传染病面前，如果感染科整个学科因此成为"网红"，那说明感染科的专家在疫情防控中起到了作用，专业的声音被广大民众听进去了。当爆发公共卫生危机的时候，能有专家发出一个公正的、有影响力的声音，引导民众以及整个社会往正确的方向去走，这对全民的决心会起到一个非常重要的推动作用。"所以我希望每个学科在重大的社会事件出来的时候，都能够做一个网红。"

对于"被网红"这件事，张文宏有话说："我老早以前讲过，随着病毒流行的结束，'网红'这个称号就不再有意义，不管你自己是安静也好，不安静也好，自然一切都会慢慢地平静下来。因为病毒不在，你去'红'什么'红'呢？你说是吧？"

"卫士"底气："焦虑是我们的主要特征"

翁心华教授曾做过一个形象的比喻，将感染科医生比成了"消防员"。

张文宏解释道:"这是这么多年来感染病医生的职责所在,因为总归会有传染病暴发的时候,冲在前面的都是医护人员。"事实上也的确如此。

2003年,SARS爆发,翁心华刚从澳大利亚参加学术会议返回上海,即收到任命,担任上海市防治SARS专家咨询组组长。他坚持的"上海标准",帮助上海实现了仅8人感染的奇迹。

2013年,H7N9禽流感病毒来袭,张文宏团队主动接触10余病例,并蹲守实验室一个多月进行测序研究,最终确定感染源,及时发现H7N9人传人风险,把病源扼杀在摇篮里。

2014年,非洲埃博拉病毒爆发,张文宏组织感染科医生第一时间报名,亲自带队远赴非洲参加救援,参与当地疫情控制。

2020年,这次新冠肺炎感染中,除夕夜,华山医院感染科副主任医师徐斌等人参加上海首批医疗队打点行装,出征武汉。

回顾数十年的从医经历,张文宏觉得自己是幸运的:"个人的发展,事实上都是在国家大的发展框架下去进行的,我们'60后'的成长正好与中国刚刚腾飞的时间也完全契合。而走在我们前面的像钟南山院士、李兰娟院士等一批人,国家复兴刚刚起步的时候这些学科是他们领导的,他们是很辛苦的,所以我们跟跑的这批人是非常幸运的。对于我来说只不过就是一个'书呆子'碰到了一个腾飞的中国。"

作者为复旦大学2018级中国语言文学系吴文恬、复旦大学2017级新闻学院陆宁玥

挥不去的情

——狮城舌战前后故事

何小兰

还是那条长长的、整洁的甬道。

当我再次踏进文科楼十楼时，一切都显得那样亲切与熟悉。逝去的岁月，又如潮水般地涌到眼前，仿佛又回到了训练的日子。煤气灶静静地在那里，可我好像看到了将要沸腾的水；办公室的门关着，可我好像觉得老师们一如既往地工作，我们训练室门口空空的，可我好像瞧见门口一溜的鞋子。一切都太熟悉了，熟悉得让我忘却了岁月已经流逝，忘却了我们辩论队已经夺魁，忘却了温暖的集体已经解散。

本以为，过去的就是过去了，即使再清晰，也会如一张褪色的照片，却原来，只要是用心去做过，真正去拥有过的，便会成为永恒。

溜走的是时间，流逝的是岁月，挥不去的，是那一片情。

这是一份永远的纪念，属于我的师长、队友和朋友。

×月×日　晴

今天，心中极为兴奋，就像当初刚入复旦一样。昨天收到通知，知道我被选入复旦辩论队了，想当初参加选拔，只是为那一份想去演讲的冲动，从没有加入辩论队的奢望。今天的结果，无疑是一个惊喜。朋友们都说我真是幸运，刚刚进校大半年，又从没有辩论过，竟会得到评委的青睐。我也暗叹自己的幸运，在辩论队可以学到很多东西，可以有很多机会啊！

怀着兴奋与忐忑，我走进了文科楼十楼的1004室，那里有许多沙发，特别引人注目的是摆成辩论阵式的一排桌椅，这就是以后要训练的地方。教授与队员都来了，已经在那里亲切地交谈。姜丰是个娇小的女孩，一点看不出她已是二年级的研究生。蒋昌建、季翔、严嘉、张谦又显得老成、稳健。我是最小的女孩，真不知会和他们相处得怎样。

张蔼珠老师宣布辩论队成立了，她说以后我们做什么事都要统一行动。一个集体形成了。可我真的很不安，这会是一个怎样的集体呢？心中升腾的是一种极为陌生的感觉，只告诉自己：一定要好好干！

×月×日　小雨

这些天，我的心情也如这绵绵的细雨，糟透了。连日的不顺心加上今天早上辩论练习中的错误百出，让我难受得直想哭。我并不是脆弱的女孩，但我也并不能坚强地面对一切挫折。

队友们看出来了，我总把心情暴露在自己的脸上。他们热情地问我到底怎么了。姜丰很坦诚，她也是一个情绪化的女孩，所以她能理解我。而那四个男孩子，虽然没有女孩子的细心，却有一份十足的关心。他们开导我，逗我开心，还陪我唱歌，渐渐地，烦躁的心也平静了下来。

我发觉我开始喜欢上他们，喜欢上这个新的集体了。每个人都在很用心地学习，很用心地关心集体中的每一个人。他们的拼劲，他们的专心，正是为辩论赛而努力的表现。如果说，这里充满着竞争，那么更多的应该是团结与向上的氛围。他们比我成熟，所以他们除了一份睿智，更有一份对我的爱护。我喜欢这个集体，尽管这里的生活是那样紧张，那样累。

下午，俞吾金老师找我谈心了，他要我不要着急，还教了我不少读书的方法。老师们总是这样观察细致，又能循循善诱。在这个集体中，我没有一种被忽略的感觉，我有什么理由让烦琐的小事来影响我的情绪呢？学习、训练，没有什么比这更重要了。张老师说过我们已不是为个人而训练，这是复旦的事情，是中国的事情，我真的该振作精神努力干了。不想做这个集体的小逃兵。

×月×日　晴

夕阳西下的时候，昌建又站在窗前。尽管在十楼，能极目远眺，但我知道，这外面的风景并不美。

昌建这两天有心事。

初次见昌建，是在第一场选拔赛上。我在他后面演讲，那一日演讲者的水平都颇高，而昌建的表现极为突出。他的三分

图1 1993年，蒋昌建在复旦大学3108教室参加首届国际大专辩论赛复旦大学队第四轮选拔赛。复旦大学档案馆提供照片

钟的《二十一世纪，我担忧》征服了3108教室的听众。以后的几场，他又以广博的学识、翩翩的风度赢得了喝彩。那时候，真以为他是个神秘的人物，还虚心向他请教过。

多日的接触，我发觉他是个很有责任感的男孩子，也是个寻常的有喜怒哀乐的人。这让我更欣赏他、信赖他了。

后来从老师与他的交谈中得知原来昌建的母亲生了重病，所以他心事重重。昌建的家在安徽，母亲身边又没有人陪伴。母亲把昌建拉扯大，培养他在安徽上大学，又鼓励他来上海读研究生，这一份母爱是淳厚的、伟大的。如今病重的母亲是多么盼望儿子能在身边。昌建是个孝顺的儿子，他的心不好受。

张老师、俞老师准了昌建的假，让他回家去。可他婉拒了。

我想我们都能理解他这一近似无情的决定。辩论队是一个整体，缺少一员就是一个损失，训练是不能停止的，而这一次的担子又是那么重，英国剑桥大学、英属哥伦比亚大学、悉尼大学都要参赛。我们怎么能懈怠呢？

昌建留了下来，继续训练，训练时还是那么投入、认真，只有在夕阳西下的时候遥望窗外，寄托他对母亲的思念与歉意。我突然发觉这份感情是那么深厚，在爱与被爱之间，有些东西是无法用语言来表达的。而一种牵挂，一份思念，会将亲情酿造得更为醇厚。

×月×日　晴

近来，我发觉自己的身体很不好。常常感到累，可怕的是好多次在训练的间隙，我会透不出气，心跳得快。昨天去看了病，医生说是生活紧张所致，要我暂时休息，为了不影响队友的情绪，我暂停了训练。

回家的日子是轻松的，可我依然惦记着文科楼十楼我的伙伴。看着钟点就能想象他们在干什么，真想早些回去，去投入紧张的生活。可今天，又发烧了，真很无奈。俞老师和林尚立老师来看我，送了很大的西瓜，我心中很是感激。他们告诉我姜丰也病了，而且住进了长海医院。

躺在床上，很想姜丰。她长我好几岁，却没有姐姐的架子，她很聪明，常常在辩论场上和队友争得面红耳赤。她很坦诚，住在一起，虽然并不是天天交流，但也彼此能够沟通。她也很秀气，容易动情，和我的性格有很多相像之处。而今，我病了，她也病了，却不能去看她，觉得有些难过。

和队友通电话，得知他们已代我向姜丰问候，他们联名写了封信，第一句便是"长海一日，文科楼十年"，他们真行，把他们盼望姜丰回来的心情表达得淋漓尽致。其实，他们也该知道我盼望回归的急切心情啊！在忙碌时，常常梦也要梦到清闲，可真正清闲时，却总感到这个集体，有一股极大的拉力，把一颗游离在外的心拉回到自己的怀中。我想我们应该取胜的，因为我们有这样一个团结的集体，有这样一种坚实的团队精神。

× 月 × 日　多云

下了好几天的雨，今天总算有了个不冷不热的天气，感到了一阵舒畅。又逢严嘉过生日，大家便准备好好地去庆祝一番。

辩论队里，每个人都有每个人的特色，严嘉是个讨人喜欢的小伙子。他没有很多的书生气，读书却读得特棒；他的口才很好，却又往往很虚心。当我碰到难题时，总喜欢向他讨教。

他的寝室挤满了朋友，除了辩论队的队员，还有我们都熟识的参加选拔的一些同龄人。我们坐成一圈，又吃菜，又喝香槟，很温馨，也很惬意。"以后我们能这样聚在一起吗？"我问，总以为曲终必将人散。"别那么伤感"，他们安慰我。想想也是，《论语》上讲过，"道不同，不相为谋"，如今，我们志同道合，有什么理由一定要分开呢？我们举杯为严嘉庆贺，也为我们的友谊干杯。

季翔坐在我的旁边，我们谈了不少，从辩论谈到学生会的工作，从复旦谈到社会。季翔是个极为沉稳的男孩子，有着健康的肤色，他是我们当中最好学的一个。很早就听到过他的名字，以为他是个遥不可及的名人，而今，我们却成了朋友。我们都认为，为什么现在学生工作难做，主要是因为学生缺乏一种责任感，其实，我们已经为自己是个复旦的学子而骄傲，为什么不让自己为复旦创造一些辉煌呢？在今天，很多人以为得到了钱，有了闲适的生活就是快乐，却又在这样的快乐中迷失了自己。责任感是不可丢弃的，如果我们每个人都有一份责任感就不会抱怨学校如何如何，校园文化如何如何了。大家快乐地交谈着，尽管每个人都有自己不快乐的一些事情，可今晚是快乐的，并且，我们都要微笑着去迎接明天的挑战。

× 月 × 日　晴

这几天晚上，每天都辩论一场，最佳辩手该属于张谦。

训练的时候，张谦坐在我旁边，我们之间的话也多，张谦很聪明，反应极快，很得辩论要领。

我佩服他的辩论技巧，更佩服的是他一如既往的训练态度。不久前，我们确定了赴新加坡比赛的正式队员，我和张谦属于候补队员，但这并不影响我们的训练热情，尤其是张谦。他的家在湖南，如果不是训练，他早回家了，家中有近90岁的老祖母，还有盼他回去的父母。可是，他知道辩论队需要他，没有提出回家的申请，而是作为陪练队的主力队员留了下来。

今天晚上的辩论精彩极了，张谦的四辩一气呵成，他又极妙地运用了不少战术，"我再一次问对方辩友"，"我第三次问对方辩友"弄得正式队员们吃力地招架，王老师、俞老师都表扬了张谦，还说上新加坡要用张谦的策略呢！

其实，我也有过一段较为迷茫的日子。当被告知自己是候补队员，去不成新加坡参赛时，也曾有过沉重的失落感。今天看来，这都算不了什么，就像一盏油灯在白天不显光亮而晚上人们离不开它一样，个人的得失实在是微不足道的。辩论是集体的事，得胜也是集体的荣耀。所以我很坦然，也由此更欣赏张谦。

×月×日　晴

回到家已是凌晨一时了，在床上辗转反侧，兴奋得难以入睡。我们辩论队夺魁回来了！冠军！冠军！这是我们期待已久的战果，这个梦终于实现了。这些天来，老是睡不好觉，等待着来自新加坡的消息。从张老师那儿，从电台里听到队友们过关斩将的消息，就会让我高兴得多吃一口饭。今天早上，又从电台听到好消息"复旦大学辩论队获得1993年国际华语辩论会冠军，蒋昌建同学获得最佳辩手的称号"，我高兴得跳了起来。

晚上去机场迎接，熟悉的身影又映入眼帘，看见他们真想冲上去抱住他们。可我们，只是紧紧地握手。不用讲太多的话，所有的期待，所有的兴奋，已在那一刹那成为无言的交流。

我们终于没有让复旦人失望，我们终于成功了！

此时，在我心中涌动的是一种难以抑制的激动。冠军代表的是荣耀，可为了这辉煌的一刻，我们又付出了多少呢？很多次的失眠，为的是辩论，甚至梦中也在辩论；很多次的

图2 1993年，蒋昌建在新加坡决赛中担任四辩。复旦大学档案馆提供照片

图3 1993年，复旦大学辩论队在新加坡捧得冠军奖杯。复旦大学档案馆提供照片

214

图4　1993年，复旦大学辩论队在出征新加坡前在校门口合影。左起依次为俞吾金、季翔、张谦、严嘉、何小兰、蒋昌建、姜丰。复旦大学档案馆提供照片

沮丧，为的是不成功的练习，但沮丧后便是崛起奋进。老师们顾不了家，昌建顾不了母亲，严嘉顾不上发大水的家乡……这样的付出是难以用金钱来衡量的，是出于对事业的追求，对复旦的爱。

我们站在屋顶，所以我们看到了美丽的风景。而为了爬上这屋顶，我们用了许多的激情、汗水和努力。

终于，辛苦而又光荣地走完了这一程。

曾经，想做一朵娇艳的花儿，充满芳香；如今，想做一棵树，不矫揉造作，只是挺拔向上，扎实地镌刻每一步成长的足迹，成为栋梁。

　　我还年轻，所以我说我实在是幸运，这一程的收获如同甘美的醇酒，令我一生都享用不尽。这一程中有许多回忆，会时刻浮现在我的眼前，鼓励我向前。

　　这世界上其实是有永恒的，我懂得此间的真意。

　　甬道，长长的，我总认为它不该有尽头。延伸、延伸，会与我的人生之路交汇，再延伸。

　　流逝的是岁月，挥不去的，是那一片情……

　　作者曾就读于复旦大学新闻学院 1991 级，1993 年首届国际大专辩论赛复旦大学辩论队候补队员

复旦第一张老文凭

——张首晟校友捐赠老文凭前后的故事

周桂发

老文凭显露

2004年10月，我在复旦大学宣传部担任副部长，被任命为复旦大学校史陈列馆筹建工程副总指挥。当时，我们一直渴望校史馆能有几件"镇馆之宝"，那才与百年复旦相匹配。复旦校史专家许有成教授曾在2003年的《复旦》校刊上专门写过《复旦最早的毕业文凭是个什么样子？》的文章，他在文章中感叹"余生也晚"，"复旦建立，已有百年，吴淞时期发的毕业文凭，现在活着的人都未见过，见过的人已经去世，是个难解之谜，岂能妄谈？"他在文章最后呼吁"早期的校史文物，可遇而不可求。只要广大复旦校友时时留意，做个有心人，说不定会为未来的校史陈列馆觅到镇馆之宝"。

就在我们一筹莫展之时，一张宣统元年的毕业文凭不期而至。

2004 年 12 月，美国斯坦福大学终身教授张首晟应邀来复旦大学参加物理学国际研讨会，其间他与时任复旦大学校长王生洪聊起往事，他 1978 年考取复旦，而且他爷爷也是复旦毕业生，他家里还藏有一张老文凭。王校长当即问他老文凭现在哪里。他说就在上海的家里。随后会议期间，张首晟抽空从家里取来。那时王校长已经有意聘请他来复旦大学担任特聘教授，开好国际物理学研讨会后，12 月 15 日在宝隆宾馆，王校长请张首晟吃晚饭，张首晟带来了祖父的老文凭，王校长高兴地说太珍贵了，应该选个时间举行隆重的捐赠仪式。那天张首晟手持老文凭跟王校长合影留念。会议结束后，张首晟就回美国了。

时任校办副主任周立志告知我这个情况，并给我看张首晟与王校长一起手持宣统元年毕业文凭合影的照片，我顿时兴奋不已。周立志随即告诉我张首晟的电子邮箱地址等联系方式，让我直接跟他联系。

联系老文凭

2005 年 1 月 5 日，我给张首晟发了一封长长的电子邮件，告诉他其祖父张彝先生的"宣统元年毕业文凭"，是复旦现存最早的校史实物，堪称校史陈列馆的"镇馆之宝"。

邮件中，我还将关于张彝先生的史料告诉他，肯定其是再造复旦的有功之臣之一。

最后，我在邮件中诚恳地表示，我们现正在筹建复旦大学校史陈列馆，拟将其祖父张彝先生的毕业文凭作为"镇馆之宝"在显著位置永久展出，希望能得到他的支持，并真诚希望他在方便的时候来复旦，为复旦大学校史陈列馆的建设献计献策，届时学校还将举行一个隆重的捐赠仪式。

2005 年 3 月 28 日，张首晟给我回信，是用英文写的。他表示可以尽快将老文凭原件提供给复旦大学展览，并将委托他在复旦工作的亲戚将老文凭提前送过来。

4 月 20 日下午，复旦大学药学院叶德泳教授将老文凭护送到档案馆。

捐献老文凭

5 月 18 日，我们在复旦大学档案馆举行了一个隆重的捐赠仪式。张首晟与他的两个姑姑应邀一起参加仪式。档案馆工作人员向他们报告了有关他祖父张彝先生的相关档案史料和生平。

张彝先生 1885 年 10 月 9 日出生于江苏镇江，字则民。青少年时代寄居安庆大伯父家就学，1901 年中秀才，后移居上海进修。1909 年以优等成绩毕业于复旦公学正科。毕业后

图 1　宣统元年（1909）张彝先生以优等成绩毕业于复旦公学正科。图为其晚年照片。复旦大学档案馆提供照片

初期曾担任商务印书馆编译，译有文艺作品多种。1911年，武昌起义爆发，复旦校舍被占，学校经费无着，学子星散，复旦已名存实亡。中华民国成立后，复旦同学纷纷要求复校。张彝先生在1912年与复旦学子42人联名上书请孙中山大总统帮助复校。尽管当时孙中山的临时政府经济十分困难，仍拨出一万元作为复旦公学复校经费。所以张彝先生也是再造复旦的有功之臣之一。不久他即应聘出任华商纱厂联合会总干事，主持该会日常工作终其一生。1942年12月8日太平洋战争爆发，日寇侵占上海租界，华商纱厂联合会旋即停止办公，张彝先生即隐退明志。

张彝先生为人忠厚，淡泊名利，诚信敬业，有志有为。他是一位笃信实业救国的爱国知识分子。华商纱厂联合会是由当时中国华商纺织企业组建的社团，其主要任务是团结全体华商，相互沟通，交流信息，争取南京国民政府的支持，与外资（当时主要是日资）企业竞争，以维护华商纺织业的利益。同时张彝先生还积极参与华商纱布交易所的创建工作，从日商控制的纱布交易中争得华商纱布交易的自主权，这也是为华商维权的重要举措。

1942年张彝先生曾撰《三十年来中国的纺织业》一文，对中国华商纺织业发展的艰难历程做了较为全面的论述，文章也寄托了他一生对纺织业的情结，实为一篇有史料价值的文章。

张彝先生一生光明磊落，无党无派，不做官，不敛财。1946年1月20日（农历乙酉年十二月十八日）在抗战胜利的喜悦环境中安详地病逝于上海故居，享年一整甲子。

捐赠仪式上，张首晟现场介绍他祖父翻译的《高中几何学》，深情回忆起他少年时喜欢在家博览祖父与伯叔们留下的书籍，包括祖父亲译的《高中几何学》。1978 年，张首晟初中刚毕业就以优秀成绩跳级考上复旦大学物理系。

张首晟回忆说，家人在清理祖父遗物时，发现了这张复旦毕业文凭。随后，他代表家属将其祖父的毕业文凭捐赠给复旦大学，为复旦百年校庆献礼。张首晟教授感慨万千："一张最早的文凭，它的意义不只为收藏，从它的身上，可以看到百余年前复旦办学之初的理念，还有一脉相承至今的复旦精神。"我和档案馆沈如松馆长接受捐赠。档案馆回赠六件老文凭复制件以及六套张彝先生《复旦履痕》纪念册。

如今，这件珍贵的文物今年已 112 岁"高龄"，是迄今为止发现的最早的一张复旦大学毕业文凭，成为复旦大学校史馆的"镇馆之宝"。

捐赠签字的获奖证书复制件

2012 年 3 月 24 日，我接到张首晟在复旦的研究生臧佳栋的电话，对方说档案馆复制水平很高，老文凭复制得非常好，张首晟家属非常满意，还转达了张首晟教授询问可否将他获得的五件最重要的奖项的证书委托复旦档案馆进行复制的事。我说好啊，满口答应了下来。于是，臧佳栋给我送来五份高精度的获奖证书扫描件。

2012 年 6 月 2 日，张首晟应邀前来参加复旦物理系建系 60 周年活动，下午他应约来到档案馆。那天，他兴致很高，感念我对他的信任，将他近年来获得的五件最重要的获奖证书（复制件）捐赠给复旦大学，其中有 2010 年 7 月获得的德国"古登堡研究奖"；2010

图2 张首晟捐赠的复旦大学最早的文凭——宣统元年（1909）复旦公学毕业文凭。
复旦大学档案馆提供照片

年9月，因在"量子自旋霍尔效应"理论预言和实验观测领域的开创性贡献而获得的欧洲物理学会颁发的欧洲物理奖；2012年获得的美国物理学会颁发的凝聚态物理最高奖——奥利弗·巴克利（Oliver Buckley）奖等。他按我要求在复制件上一一签名并合影留念。

那时，他已经受聘为清华大学千人计划特聘教授。我送他一幅"上善若水"书法作品，本来我想让他题写清华校训"厚德载物"，结果他写下两幅题词：一幅是"祖孙情系复旦"，一幅是"日月光华，旦复旦兮"。可见他的复旦情结之深。

谈复旦情缘

　　张首晟跟我们讲了那天上午他报告中讲到的几个难忘的故事：
"我当时考复旦，我是没读过高中的，1978 年考进复旦，我是个少
年大学生。今天物理系建系 60 周年有个系友特色报告，我说我最
大的特色，就是没有高中文凭。当时中国正好是'文化大革命'的
时代，我自己很有渴望，渴望学习。没有书，但是我家里有个小阁
楼，'破四旧'抄家时候没有拿去的东西都在阁楼上。我当时就很
喜欢看书，当时科学的书不太多，我家里还留了些哲学的书啊，艺
术的书啊，对我影响很深。有一年，我的一个伯父来到上海，为了
让住的地方稍微舒服一点，要把老东西稍微理一理，清理的时候就
发现了这张复旦老文凭。我们尽管知道有这张文凭，但'破四旧'
时候没人有兴趣提这个事情。我们知道祖父是复旦的学生，但是在
我父亲 14 岁的时候他就过世了，我父亲对他印象不深。这个老文
凭就是在小阁楼上发现的，所以小阁楼跟我很有渊源，我的启蒙教
育也在那里。我后来读的书不太多，当时我看的那本数学书就是我
爷爷翻译的，算是个启蒙教材。后来为了高考我进行系统的学习，
我爸爸给我买来数理化自学丛书。我 1978 年考进复旦的时候最小，
只有 15 岁，是以初中生身份参加高考的。当年复旦没有少年班，
我是少年大学生但是进入了普通班，中国科大办了个少年班，我当
时可以去考，但我奶奶舍不得我离开上海。现在想来其实还是这个
做法好，我这样还是在正常地生活，他们觉得少年班所有的生活都

图3 1978年，张首晟考入复旦大学物理系时的照片。复旦大学档案馆提供照片

有人照顾，独立性反而不够。我进入复旦后，就跟大哥哥们生活在一块儿，就在11号楼。我今天还展示了一张照片，我们当时好像是住在11号楼313室？昨天大家在聊天时候回忆的。"

那天我问张首晟是怎么出国留学的。

他回忆说："我就是在复旦学了一个学期多一点，有一天我在寝室里自修，然后班主任龚少明老师就来找我，说现在国家决定派你去，你考虑吗？其实那时就是根据高考成绩来定的，我们高考完了之后，其实名单已经定下来了，但是因为我们与德国没有完全接洽好，就让我们先来复旦，我实际上只在复旦读了半年左右。我1979年三四月去同济，先读德语预备班，因为我的德语完全是一张白纸，先到同济德语专业读了差不多四五个月，数理化的德语不能由一般的德语老师教，于是我还学了一些专业德语，差不多前前后后学了一年，大概在1980年四五月份差不多就读完了，最后还过了个暑假。

"我是1980年9月份到德国柏林自由大学攻读物理硕士学位的，后来又在美国攻读博士学位，就在杨振宁先生研究所，毕业后1993年去斯坦福大学，至今快20年了。"

张首晟深情回忆起他的祖父，在家境困难之时，他的祖父坚持让 7 个儿子都读大学；他自己的两个孩子在复旦百年校庆时在复旦校史馆参观，在老文凭前留影；以及他儿子考取哈佛的故事等。

在访谈最后，张首晟总结道："一张老文凭传递着一种教育理念，这是我们家族的最大财富。"那天，我们档案馆的摄影师谢跃进现场拍照录像，给我们留下了张首晟的珍贵口述影像资料。

作者现任复旦大学退休教职工工作处处长，复旦大学档案馆原馆长，研究员，1984 年考入复旦大学历史系